LETZTE SCHRIFTEN ÜBER DIE PHILOSOPHIE DER PSYCHOLOGIE

LAST WRITINGS ON THE PHILOSOPHY OF PSYCHOLOGY

Band II / Volume II

LETZTE SCHRIFTEN ÜBER DIE PHILOSOPHIE DER PSYCHOLOGIE

Ludwig Wittgenstein

BAND II

Das Innere und das Äußere
1949–1951

Herausgegeben von
G.H. von WRIGHT
und
HEIKKI NYMAN

BLACKWELL
Oxford UK & Cambridge USA

LAST WRITINGS ON THE PHILOSOPHY OF PSYCHOLOGY

Ludwig Wittgenstein

VOLUME II

The Inner and the Outer
1949–1951

Edited by
G.H. von WRIGHT
and
HEIKKI NYMAN
Translated by
C. G. LUCKHARDT
and
MAXIMILIAN A. E. AUE

BLACKWELL
Oxford UK & Cambridge USA

First published 1992
First published in paperback 1993

Blackwell Publishers
108 Cowley Road, Oxford OX4 1JF, UK

238 Main Street
Cambridge, Massachusetts 02142, USA

Library of Congress Cataloging in Publication Data
Wittgenstein, Ludwig, 1889–1951.
  Last writings on the philosophy of psychology.

  Title on added t.p.: Letzte Schriften über die Philosophie der Psychologie.
  English and German.
  Vol. 2. published: Oxford, UK; Cambridge, Mass., USA;
B. Blackwell, 1992.
  Contents: v. 1. Preliminary studies for part II of the Philosophical
Investigations — v. 2. The inner and the outer, 1949–1951.
  1. Psychology—Philosophy. I. Wright, G. H. von (Georg Henrik), 1916–
II. Nyman, Heikki. III. Wittgenstein, Ludwig, 1889–1951. Philosophische
Untersuchungen.
BF38.W764 1982   192   82–42549
ISBN 0–631–18956–4 (pbk.)

British Library Cataloguing in Publication Data
A CIP catalogue record for this book is available from the British Library.

Typeset in 11 on 13 pt Bembo
by Photo-graphics, Honiton, Devon
Printed in Great Britain by Page Brothers, Norwich

This book is printed on acid-free paper.

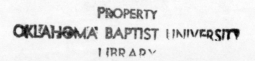

INHALT

Vorwort der Herausgeber

Die philosophischen Aufzeichnungen Wittgensteins aus seinen zwei letzten Lebensjahren 1949–1951 lassen sich thematisch in drei Gruppen gliedern. Die umfangreichste von diesen drei Gruppen befaßt sich mit den Begriffen der Sicherheit, des Wissens, des Zweifelns und anderen Gegenständen der Erkenntnislehre. Eine zweite Gruppe handelt von der Philosophie der Farbbegriffe; eine dritte von den psychologischen Begriffen und insbesondere von dem Problem der Beziehungen zwischen 'Innerem' und 'Äußerem', zwischen den sogenannten seelischen Zuständen und dem körperlichen Verhalten.

Die meisten Aufzeichnungen der ersten Gruppe sind unter dem Titel *Über Gewißheit*, die der zweiten unter dem Titel *Bemerkungen über die Farben* im Druck erschienen. Die Bemerkungen zum 'Innen–Außen'-Problem stehen eng mit dem Gedankenkreis des zweiten Teils der *Philosophischen Untersuchungen* und dessen Vorstudien in den Manuskripten und Typoskripten aus den Jahren 1946–1949 in Verbindung. Sie schließen sich aber auch an die Bemerkungen über die Erkenntnislehre und Farbbegriffe an und lassen sich manchmal nicht von diesen scharf trennen. (Ein längerer Abschnitt aus dem MS 173, der hier abgedruckt ist, wurde schon einmal in den *Bemerkungen über die Farben* (III, §§ 296–350) veröffentlicht.)

Die Aufzeichnungen Wittgensteins aus seinen letzten Lebensjahren sind in acht Notizbücher kleineren Formats und in ein Bündlein von losen Bögen (MS 172) eingetragen. Das umfangreichste Notizbuch ist das MS 173. Das zweitgrößte

dieser Notizbücher, das MS 169, wurde vermutlich schon im Spätherbst 1948 oder im Frühjahr 1949 angefangen. Der Inhalt der ersten Hälfte dieses Notizbuchs trägt den Charakter von Vorstudien zu dem, was als Band I dieser *Letzten Schriften* veröffentlicht wurde und aus den Manuskriptbüchern 137 und 138 großen Formats stammt. Der Stil der Bemerkungen ist lapidar; die Sätze sind häufig nur abgekürzt angedeutet. Es gibt viele Textstellen, die wegen ihrer Undeutlichkeit sehr schwer lesbar sind. – Die zweite Hälfte der Aufzeichnungen, mit einer Diskussion über den Begriff des Verstellens beginnend, ist stilistisch besser ausgearbeitet und hängt inhaltlich mit dem Rest dieses Bandes eng zusammen. Es gibt jedoch keine scharfe Grenze, die die beiden Teile voneinander trennte. Deshalb hielten wir es für angemessen, dieses Notizbuch hier *in toto* zu veröffentlichen.

Die kleinen Notizbücher 170 und 171 sind auch *in toto* wiedergegeben. Sie hängen wahrscheinlich mit dem MS 169 zeitlich eng zusammen und dürften im Jahre 1949 geschrieben worden sein.

Das umfangreiche Notizbuch 173 vom Frühjahr 1950 befaßt sich hauptsächlich mit den Farbbegriffen; es enthält aber zwei längere Abschnitte, die eher zum Problemkreis 'Innen–Außen' gehören.

Die Ausführungen zum 'Innen–Außen'-Problem im MS 173 hat Wittgenstein später im Frühjahr 1950 im MS 174 fortgesetzt, um dann noch einmal, zwei Wochen vor seinem Tode im April 1951, im MS 176 zu diesem Thema zurückzukehren. Die ausgezeichnete Qualität dieser letzten Aufzeichnungen sollte jedem Leser auffallen.

Mit Ausnahme von ganz wenigen Bemerkungen (die allgemeiner Art sind) und von Bemerkungen, die schon anderswo im Druck erschienen sind, haben wir hier nichts von dem, was Wittgenstein in diesen letzten Notizbüchern aus den Jahren 1949–1951 geschrieben hat, weggelassen.

Worte in spitzen Klammern ⟨ ⟩ sowie Hinweise auf die gedruckten Werke Wittgensteins in eckigen Klammern (einschließlich des ersten Bandes dieser *Letzten Schriften*) rühren

von den Herausgebern her. Auch alle Fußnoten sind Zusätze der Herausgeber.

Die Buchstaben 'N.B.', die manchmal oben in der linken Ecke einer Seite stehen, deuten an, daß die Seite mit einer *neuen Bemerkung* (und nicht mit einer Fortsetzung der letzten auf der vorhergehenden Seite stehenden) anfängt.

Wir danken Herrn Josef Braun, Herrn Michael Kober und Herrn Doktor Joachim Schulte für ihre freundliche Hilfe in der Interpretation der schwer lesbaren Manuskriptstellen sowie den Übersetzern ins Englische, Herrn C.G. Luckhardt und Herrn Maximilian Aue, für wertvolle Ratschläge. Auch danken wir Herrn Erkki Kilpinen, der bei der Herstellung der Reinschrift des Textes behilflich war.

Helsinki 1982, 1991   *Georg Henrik von Wright*
                                       Heikki Nyman

CONTENTS

Editors' Preface

Thematically, Wittgenstein's philosophical writings from the last two years of his life (1949–51) can be divided into three parts. The largest of these three parts deals with the concepts of certainty, knowing, doubting, and other topics in epistemology. A second part deals with the philosophy of colour concepts; a third, with psychological concepts and in particular with the problem of the relationship between "the inner" and "the outer", between the so-called mental states and bodily behaviour.

Most of the writings of the first group have appeared in print under the title *On Certainty*, those of the second under the title *Remarks on Colour*. The remarks on the "inner–outer" problem are closely connected with the body of ideas of the second part of the *Philosophical Investigations* and with the preliminary studies for it in the manuscripts and typescripts from the years 1946–49. But they also connect with the remarks on epistemology and colour concepts and sometimes cannot be sharply separated from them. (A longer part from MS 173, which is printed here, was already published in the *Remarks on Colour* (III, sect. 296–350).)

Wittgenstein's writings from the last years of his life are entered into eight small notebooks, and in a small bundle of loose sheets (MS 172). The most voluminous notebook is MS 173. The second largest of these notebooks, MS 169, was probably already begun in late fall, 1948, or in the spring of 1949. The content of the first half of this notebook is of the nature of preliminary studies for what is published as Volume I of these *Last Writings*, and comes from the large

manuscript books 137 and 138. The style of the remarks is terse; the sentences are frequently indicated only in abbreviated form. There are many parts which because of their unclarity are very hard to read. The second half of these writings, which begins with a discussion of the concept of dissimulation, is worked out better stylistically and in terms of content is connected to the rest of this volume. However, there is no clear border separating the two parts from each other. Therefore we considered it proper to publish this notebook here in its entirety.

The small notebooks 170 and 171 are also presented in their entirety. Chronologically they are probably closely connected to MS 169 and probably were written in the year 1949.

The voluminous notebook 173, from the spring of 1950, deals mainly with colour concepts; but it does contain two longer portions belonging to the problems of the "inner–outer".

Later, in the spring of 1950, in MS 174, Wittgenstein continued the exposition of the "inner–outer" problem of MS 173, and then returned once more to this topic in MS 176 two weeks before his death in April 1951. The excellent quality of these last writings should be obvious to every reader.

With the exception of a very few remarks (which are of a general nature) and of remarks which have already appeared elsewhere in print, we have not omitted anything of what Wittgenstein wrote in these last notebooks from the years 1949–51.

Words in angle brackets ⟨ ⟩ and references to the printed works of Wittgenstein in square brackets (including the first volume of these *Last Writings*) are those of the editors. All footnotes are also additions by the editors. The letters 'N.R.' in the upper right corner of some pages indicate that the page begins with a *new remark* (and not with a paragraph belonging to the last remark on the preceding page).

We thank Mr Joseph Braun, Mr Michael Kober, Dr Joachim Schulte for their generous help in the interpretation of difficult parts of the manuscript and the translators, Professor C.G. Luckhardt and Professor Maximilian Aue, for valuable advice and for preparing the Index. We also thank Mr Erkki Kilpinen, who helped in the preparation of the final version of the text.

Helsinki 1982, 1991

Georg Henrik von Wright
Heikki Nyman

I

MS 169

(um 1949)

(around 1949)

non & ne[1] – – – Es hat denselben Zweck, dieselbe Verwendung – bis auf *eine* Bestimmung. [*LS* I, 384]

So gibt es also zwischen Verwendungen wesentliche und unwesentliche Unterschiede? Erst, wenn man vom *Zweck* des Wortes redet, taucht diese Unterscheidung auf. [*LS* I, 385]

– – – Es würde uns vielleicht befremden. "Er spielt gar nicht unser Spiel" – möchte man sagen. Oder auch das ist ein anderer Typus. [S. *PU* II, vi, S. 182b]

Der Psychologe berichtet die Äußerungen des Subjekts. Aber diese Äußerungen "Ich sehe . . .", "Ich höre . . .", "Ich fühle" etc. handeln nicht vom Benehmen. [S. *PU* II, v, S. 179b]

– – – Von beidem, aber nicht im Nebeneinander, sondern vom einen durch das andere. [Vgl. *PU* II, v, S. 179c]

Aber[2] wir würden so auch sehen, daß es für das Verstehen und Gebrauchen der Worte ohne Folgen wäre.

Aber konnte dieser die Verwendung von "wenn" und von "daß" nicht ganz ebenso beherrschen, wie wir? Würde er diese Worte nicht verstehen und meinen wie wir? [Vgl. *PU* II, vi, S. 182b]

Würde ich (von diesem) nicht glauben, er verstehe die Worte "daß" und "wenn" wie wir, wenn er sie ganz so verwendet wie wir? [*PU* II, vi, S. 182b]

Und würden wir von diesem nicht glauben, er verstehe "daß" und "wenn" so wie wir sie verstehen, wenn er sie ganz so verwendet wie wir? [*PU* II, vi, S. 182b]

---

[1] "non & ne" scheint ein Nachtrag im Manuskript zu sein.
[2] Vor der Bemerkung steht ein Pfeil ←.

2

non & ne[1] − − − They have the same purpose, the same use – with *one* qualification. [*LW* I, 384]

So are there essential and non-essential differences among the uses? This distinction does not appear until we begin to talk about the *purpose* of a word. [*LW* I, 385]

− − − We might think it strange. "He doesn't play our game at all" – one would like to say. Or even that this is a different type of man. [Cf. *PI* II, vi, p. 182b]

The psychologist reports the utterances of the subject. But these utterances "I see . . .", "I hear . . .", "I feel" etc., are not about behaviour. [Cf. *PI* II, v, p. 179b]

− − − About both, not side-by-side, however, but about the one *via* the other. [Cf. *PI* II, v, p. 179c]

But[2] this would make us see too that it would have no consequences for understanding and using the words.

But wasn't he able to master the use of "if" and "that" just as we are? Wouldn't he understand and mean these words as we do? [Cf. *PI* II, vi, p. 182b]

Wouldn't I think (of him) that he understood the words "that" and "if" as we do if he uses them exactly as we do? [*PI* II, vi, p. 182b]

And if he used "that" and "if" exactly as we do, wouldn't we think he understood them as we do? [*PI* II, vi, p. 182b]

---

[1] "non & ne" appear to be an addition in the manuscript.
[2] This remark is preceded by an arrow: ←.

Das ist ein anderer Typus. Aber welche Wichtigkeit hat es eigentlich? [Vgl. *PU* II, vi, S. 182b]

Es wäre doch ähnlich, wie wenn jemand, statt mit jedem Vokal eine eigene Farbe zu verbinden, eine mit a, e, i, und eine mit o and u verbände. "Das ist dann ein anderer Typus", möchte man sagen. [S. *LS* I, 362]

– – – Weil nur dieses Wort diesen Klang, diesen Ton, diese Grammatik ⟨hat⟩.[1]
Hat also das Wort "Beethoven" ein Beethovengefühl?

Es ist ein Blick, mit welchem mich *dieses* Wort anschaut. [Vgl. *LS* I, 366]

Aber den Blick kann man vom Gesicht nicht trennen.

– – – mit ganz besondrem Ausdruck [Vgl. *LS* I, 380]

Dieser Ausdruck ist nicht etwas, was man von der Stelle trennen kann. (Nicht notwendigerweise.) Es ist ein anderer Begriff. (Ein anderes Spiel.) [*PU* II, vi, S. 183a]

"Du hast die Stelle jetzt mit einem andern Ausdruck gespielt." – "– jetzt mit demselben" und man kann ihn auch charakterisieren durch ein Wort, eine Geste, ein Gleichnis; aber dennoch meint man mit *diesem* Ausdruck nicht etwas, was in anderer Verbindung vorkommen kann.

Das Erlebnis ist diese Stelle, so gespielt (*so*, wie ich es etwa vormache; eine Beschreibung könnte es nur *andeuten*). [*PU* II, vi, S. 183b]

Die lustigen Farben.

---

[1] Der Satz ist offenbar unvollständig. "Hat" ist die Vermutung der Herausgeber.

It's another kind of man. But of what importance is that? [Cf. *PI* II, vi, p. 182b]

It would be like someone who instead of associating a separate colour with each vowel associated one colour with a, e, i, and another with o and u. "In that case we'd have a different type of man", I would like to say. [Cf. *LW*, I, 362]

– – – Because only this world ⟨has⟩ this sound, this tone, this grammar.[1]

So does the word "Beethoven" have a Beethoven-feeling?

It is a look, with which *this* word looks at me. [Cf. *LW* I, 366]

But one cannot separate the look from the face.

– – – with a quite particular expression. [Cf. *LW* I, 380]

This expression is not something that can be separated from the passage. (Not necessarily.) It is a different concept. (A different game.) [*PI* II, vi, p. 183a]

"Now you played the passage with a different expression." – "– now with the same" and it can also be characterized by a word, a gesture, a simile; nevertheless by *this* expression we don't mean something that can appear in a different connection.

The experience is this passage played like this (that is, as I am doing it, for instance; a description could only *hint* at it). [*PI* II, vi, p. 183b]

Gay colours.

---

[1] The sentence is obviously incomplete. "Has" is an editor's surmise.

N.B.   Die 'Atmosphäre' ist gerade das, was man sich nicht weg-
denken kann. [Vgl. *PU* II, vi, S. 183c]

Der Name Schubert, umschattet von den Gesten seines
Gesichts, seiner Werke. – Also doch eine Atmosphäre? –
Aber man kann sie sich nicht von ihm abgelöst denken.
[Vgl. *LS* I, 69; *PU* II, xi, S. 215f]

Der Name S., wenigstens, wenn wir vom Komponisten
reden, ist *so* umgeben.
Aber diese Umgebung scheint mit dem Namen selbst, mit
diesem Wort, verwachsen.

– – – Denke, ich höre, es male jemand ein Bild – – – [Vgl. *PU*
II, vi, S. 183d]

: Ich höre, es male jemand ein Bild " . . .". [Vgl. *PU* II,
vi, S. 183d]

– – – wenn sie nicht mit dieser Stelle einhergingen.

– – – ganz hirnverrückt und lächerlich wäre.
gänzlich widerwärtig und lächerlich wäre.
gänzlich lächerlich und widerwärtig wäre.[1]

Meine k⟨inästhetischen⟩ Empfindungen belehren mich
über die Bewegungen und Lagen meiner Glieder.
Ich bewege jetzt meinen Finger. Ich spüre es kaum oder
gar nicht. Vielleicht ein wenig in der Fingerspitze und
manchmal an einer Stelle der Haut (gar nicht im Gelenk).
Und diese Empfindung belehrt mich, daß und wie ich den
Finger bewege? Denn ich kann es genau beschreiben. [*PU*
II, viii, S. 185a; *LS* I, 386]

---

[1] Diese Varianten scheinen mit der Bemerkung "Ich höre, es male jemand
. . ." zusammenzuhängen.

4

The 'atmosphere' is precisely that which one cannot   N.R. imagine as being absent. [CF. *PI* II, vi, p. 183c]

The name Schubert, shadowed around by the gestures of his face, of his works. – So there is an atmosphere after all? – But one cannot think of it as separate from him. [Cf. *LW* I, 69; *PI* II, xi, p. 215f]

The name S is surrounded *in that manner*, at least if we are talking about the composer.
But these surroundings seem to be fused with the name itself, with this word.

– – – Imagine I hear that someone is painting a picture – – – [Cf. *PI* II, vi, p. 183d]

: I hear that someone is painting a picture ". . .". [Cf. *PI* II, vi, p. 183d]

– – – if they did not fit in with this passage.

– – – would be totally addle-brained and ridiculous.
would be completely repulsive and ridiculous.
would be completely ridiculous and repulsive.[1]

My k⟨inaesthetic⟩ sensations tell me of the movement and position of my limbs.
Now I move my finger. I either hardly feel it or don't feel it at all. Perhaps a little in the tip of my finger, and sometimes at a point on my skin (not at all in the joint). And this sensation tells me that I move my finger and how? For I can describe it exactly. [Cf. *PI* II, viii, p. 185a; *LW* I, 386]

---

[1] These variants seem to be connected with the remark "I hear that someone is painting ...".

N.B.   Du mußt die Bewegungen eben doch fühlen, sonst könntest du nicht wissen, wie er sich bewegt. Aber "es wissen" heißt nur, es angeben, beschreiben können.

Ich mag die Richtung, aus der ein Schall kommt, nur angeben können, weil er das eine meiner Ohren anders affiziert als das andre; aber das *höre* ich nicht. [S. *PU* II, viii, S. 185b; *LS* I, 387]

Ganz so ist es mit der Idee, ein Merkmal der Schmerzempfindung müsse uns über ihren Ort am Körper belehren, oder ein Merkmal des Erinnerungsbildes über die Zeit, auf die es sich bezieht. [S. *PU* II, viii, S. 185c; *LS* I, 388]

Eine Empfindung *kann* uns über die Bewegung oder Lage eines Gliedes belehren. Es *kann* auch der Charakter des Schmerzes uns über den Sitz seiner Ursache[1] belehren. [Vgl. *PU* II, viii, S. 185d; *LS* I, 389]

Wie weiß ich, daß den Blinden sein Tastgefühl und den Sehenden sein Gesicht über die Gestalt und Lage der Dinge belehrt? [*LS* I, 390]

Weiß ich's nur aus eigener Erfahrung und vermute es nur bei den Andern? [*LS* I, 391]

Es gibt hier außer jener Beschreibung noch eine Beschreibung der Empfindung (dessen, was man manchmal das Sinnesdatum nennt).

Was ist das Kriterium dafür, daß mich ein Sinneseindruck über die Form und Farbe belehrt? [*PU* II, viii, S. 185e; *LS* I, 393]

Welcher Sinneseindruck? Nun *dieser*. Ich kann ihn beschreiben. "Er ist derselbe wie der – – –" oder ihn an einem Bild

---

[1] Var.: "der Krankheit".

5

But after all, you must feel the movement, otherwise you couldn't know how it was moving. But "knowing how" only means being able to state, to describe, it.

I may be able to tell the direction from which a sound comes only because it affects one of my ears differently from the other; but I don't *hear* that. [See *PI* II, viii, p. 185b; *LW* I, 387]

It is quite the same with the idea that it must be some feature of our pain that tells us of its whereabouts in the body, or some feature of our memory image that tells us the time to which it belongs. [See *PI* II, viii, p. 185c; *LW* I, 388]

A sensation *can* tell us of the movement or position of a limb. And the character of the pain *can* also tell us where its cause[1] is situated. [Cf. *PI* II, viii, p. 185d; *LW* I, 389]

How do I know that a blind person uses his sense of touch and a sighted person his sense of sight to tell them about the shape and position of objects? [*LW* I, 390]

Do I *know* this only from my own experience, and do I merely surmise it in others? [*LW* I, 391]

Here we have, in addition to that description, another description of sensation (of what is sometimes called sense-data).

What is the criterion for my learning the shape and colour of an object from a sense-impression? [*PI* II, viii, p. 185e; *LW* I, 393]

What sense-impression? Well, *this* one. I can describe it. "It's the same one as the one —— " or I can demonstrate it

[1] Var.: "the illness".

zeigen.

Und nun: was fühlst du, wenn deine Finger in dieser Lage sind?

"Wie soll man ein Gefühl erklären? Man kann es nur in sich selbst kennen." Aber den Gebrauch der Worte muß man doch lehren können! [*PU* II, viii, S. 185f; *LS* I, 394]

Ich suche nun nach dem grammatischen Unterschied. [*PU* II, viii, S. 185g; *LS* I, 395]

Die Worte rauh[1] und glatt, kalt und warm, süß, sauer, bitter . . .
Aber warum nicht auch dünn und dick?

– – – Kann da nicht ein Zweifel sein? muß nicht einer sein, wenn ein Gefühl gemeint ist? [S. *PU* II, viii, S. 186b; *LS* I, 402]

Was würden wir sagen, wenn Einer uns mitteilt, er sähe an einem bestimmten Ding eine Farbe, die er nicht weiter beschreiben könnte? Muß er sich richtig ausdrücken? Muß er eine Farbe meinen? [*LS* I, 403]

Das schaut *so* aus; *das* schmeckt *so*, *das* fühlt sich *so* an. Das und so müssen verschieden erklärt werden. [*PU* II, viii, S. 186c; *LS* I, 404]

Ich kann den Zustand meiner Depression beobachten. Ich beobachte dann das, was ich z.B. beschreibe.

Ein Gedanke, der mir vor einem Monat noch unerträglich war, ist es mir heute nicht mehr. (Eine Berührung, die gestern schmerzhaft war, ist es heute nicht.) Das ist das Resultat einer Beobachtung. [Vgl. *PU* II, ix, S. 187b]

[1] Unklare Stelle im MS.

6

with a picture.

And now: what do you feel when your fingers are in this position?

"How is one to define a feeling? One can only recognize it within oneself." But it must be possible to teach the use of words! [*PI* II, viii, p. 185f; *LW* I, 394]

What I am looking for is the grammatical difference. [*PI* II, viii, p. 185g; *LW* I, 395]

The words rough[1] and smooth, cold and warm, sweet and sour, bitter . . .

But why not also thin and thick?

– – – Can't there be a doubt here? Mustn't there be one, if it is a feeling that is meant? [See *PI* II, viii, p. 186b; *LW* I, 402]

What would we say if someone reported to us that in a certain object he saw a colour he couldn't describe further? Does he have to be expressing himself correctly? Does he have to mean a colour? [*LW* I, 403]

This looks *so*; *this* tastes *so*; *this* feels *so*. This and so must be differently explained. [*PI* II, viii, p. 186c; *LW* I, 404]

I can observe the state of my depression. In that case I am observing what I for instance describe.

A thought which one month ago was still unbearable to me is no longer so today. (A touch which was painful yesterday is not so today.) That is the result of an observation. [Cf. *PI* II, ix, p. 187b]

[1] Unclear in the MS.

N.B. Sich an die geistige Stimmung zu erinnern trachten kann man beobachten nennen.

Was nennt man 'beobachten'? Ungefähr dies: sich in die günstigste Lage versetzen, gewisse Eindrücke zu empfangen, mit der Absicht etwa sie zu beschreiben.

Wann sagt man, jemand beobachtet? Ungefähr: wenn er sich in eine günstige Lage versetzt, gewisse Eindrücke zu erhalten, – z.B. mit der Absicht, was sie ihn lehren, zu beschreiben. [*PU* II, ix, S. 187c]

Ich fürchte mich im Grunde noch immer. – Ich fürchte mich, ich halte diese Furcht nicht aus! – Ich fürchte mich vor seinem Kommen, darum bin ich so unruhig. – O, ich fürchte mich jetzt viel weniger davor als früher. – Ich fürchte mich, jetzt wo ich furchtlos sein sollte!

Es könnte verschiedene Erklärungen geben:
Ich fürchte mich! Ich halte diese Furcht nicht aus!
Ich fürchte mich vor seinem Kommen, deshalb bin ich so unruhig.
Ich fürchte mich noch immer etwas, obwohl schon viel weniger als früher.
Ich fürchte mich im Grunde noch immer, obwohl ich mir's nicht gestehen will.
Ich fürchte mich, jetzt, wo ich furchtlos sein sollte!
Ich fürchte mich; ich muß es leider gestehn.
Ich glaube, ich fürchte mich noch immer. [Vgl. *PU* II, ix, S. 188a]

Die Zusammenhänge, in denen ein Wort steht, sind am besten in einem Drama dargestellt; daher das beste Beispiel für einen Satz in einer bestimmten Bedeutung ein Zitat aus einem Drama ist. Und wer fragt die Person im Drama, was sie während des Sprechens erlebt?

7

Trying to recollect a mental mood can be called observing.   N.R.

What do we call 'observing'? Roughly this: putting oneself into the most favourable situation to receive certain impressions with the purpose, for instance, of describing them.

When do we say that anyone is observing? Roughly: when he puts himself in a favourable position to receive certain impressions – with the purpose, for example, of describing what they tell him. [*PI* II, ix, p. 187c]

At bottom, I am still afraid. – I am afraid, I can't stand this fear! – I am afraid of his coming, therefore I am so restless. – Oh, now I am much less afraid of it than before. – Now, just when I should be fearless, I am afraid!

There could be various explanations:
I am afraid! I can't stand this fear!
I am afraid of his coming, and that is why I am so restless.
I am still a little afraid, although much less than before
At bottom I am still afraid, though I won't confess it to myself.
Now, just when I should be fearless, I am afraid!
I am afraid; unfortunately, I must admit it.
I think I'm still afraid. [Cf. *PI* II, ix, p. 188a]

The contexts in which a word appears are portrayed best in a play; therefore, the best example for a sentence with a certain meaning is a quote from a play. And who asks the character in a play what he experiences when he speaks?

N.B.   Das beste Beispiel für einen Ausdruck in ganz bestimmter Bedeutung ist eine Stelle in einem Drama. (*LS* I, 424]

––– Nun, wir setzen manches voraus. Z.B. daß sie ihre eigenen Stimmen hören, auch manchmal manches bei ihren Gebärden fühlen und was sonst noch zum menschlichen Leben gehört.

In ein philosophisches Wespennest stechen. Moore. [Vgl. *Vermischte Bemerkungen*, 2. Ausgabe, S. 147]

Das Sprachspiel der Meldung kann so gedreht werden, daß dem Frager die Meldung eine Information über den Meldenden gibt, nicht über den Gegenstand der Meldung. (Messen, um den Maßstab zu prüfen.) [Vgl. *LS* I, 416; *PU* II, x, S. 190d–191a]

Die augenblickliche Bewegung. [Vgl. *LS* I, 425]

Wer eine Bewegung sieht, der sieht überhaupt nicht die Lage in einem Zeitpunkt. Er könnte sie nicht abbilden. [S. *LS* I, 425]

Anstückeln:

Ich glaubte damals, die Erde sei eine Scheibe. – Nur so? – [Vgl. *LS* I, 426]

"Wie ich mich kenne, werde ich jetzt so handeln."

Die Linie verläuft ins Dunkel.
Sie hat keinen realen Punkt für . . . [Vgl. *LS* I, 427]

Auch wenn man anders anstückeln will, muß man's nach einem andern *Prinzip* tun.

Man kann ja fragen: Ist ein Zustand, den ich an seinen

8

The best example of an expression with a very specific
meaning is a passage in a play. [*LW* I, 424]

——— Well, we assume several things. For instance, that they
hear their own voices, and also sometimes feel things as they
are gesturing and whatever else belongs to human life.

To stir up a philosophical wasps' nest. Moore. [Cf. *C &
V*, 2nd edn., p. 147]

The language-game of reporting can be given such a turn
that the report gives the person asking for it a piece of
information about the one making the report, and not about
its subject-matter. (Measuring in order to test the ruler.)
[Cf. *LW* I, 416; *PI* II, x, p. 190d–191a]

Momentary motion. [Cf. *LW* I, 425]

If you see motion you by no means see the position at a
point in time. You could not portray it. [See *LW* I, 425]

Tacking on to:

Back then I believed that the earth was a flat disc. – Just
like that? – [Cf. *LW* I, 426]

"Knowing myself as I do, I will now act this way."

The line vanishes into the dark.
There is no real point on it for . . . [Cf. *LW* I, 427]

A different tacking on, if that's what you want, has to be
according to a different *principle*.

The question can be raised: Is a state that I recognize on

Äußerungen erkenne, wirklich derselbe wie der, den er auf diese Weise nicht erkennt? Und die Antwort ist eine Entscheidung. [LS I, 428]

Die Kurve "im Irrtum sein".

"Zu glauben scheinen", ein Verb. Die erste Person I.P. ist sinnlos, weil ich meine Absicht kenne. Aber das wäre *eine* Fortsetzung von "Er glaubt". [Vgl. *PU* II, x, S. 192b; *LS* I, 423]

Oder: Wenn Glauben ein Zustand des Geistes ist, so hat er Dauer. Er dauert nicht nur, während ich sage, ich glaube. Also ist er eine Disposition. Warum kann ich nicht von mir sagen, ich hätte sie? Wie erkennen die Andern meine Disposition? Sie beobachten mich, sie fragen mich.' Meine Antwort ist nicht unbedingt "Ich glaube . . .", sondern vielleicht "Es ist so", daraus erkennen sie meine Disposition. Und wie erkenne ich sie? Durch Stichproben? —— Meine Disposition ist etwa "Es läßt sich das und das von mir erwarten". *Interessiert sie mich nicht?* [Vgl. *PU* II, x, S. 191i–192a]

Ich habe zu meinen eigenen Worten eine ganz andre Einstellung als die Andern. [*PU* II, x, S. 192b]

Ich horche nicht auf sie und lerne daraus etwas über mich. Sie haben zu meinen Taten eine ganz andre Beziehung als zu den Taten Andrer.

Horchte ich auf die Rede meines Mundes, so würde ich sagen können, ein Andrer spreche aus meinem Mund. [*PU* II, x, S. 192c]

"Ich bin in diesen Tagen geneigt zu sagen . . ."

Wenn Einer etwas mit großer Überzeugungskraft sagt:

the basis of someone's utterances really the same as the state he does not recognize this way? And the answer is a decision. [*LW* I, 428]

The curve "to be in error".

"To seem to believe", a verb. The first person present indicative is meaningless, because I know my intention. But that would be *a* development of "he believes". [Cf. *PI* II, x, p. 192b; *LW* I, 423]

Or: If believing is a state of mind, it lasts. It doesn't last just while I am saying I believe, so it is a disposition. Why can't I say of myself that I have it? How do others recognize my disposition? They observe, they ask me. My answer doesn't have to be "I believe . . .", but maybe "That's the way it is"; from this they recognize my disposition. And how do I recognize it? By random tests? ——— My disposition might be, for instance, "This and that can be expected of me". *Doesn't it interest me?* [Cf. *PI* II, x, pp. 191i–192a]

My own relation to my words is wholly different from other people's. [*PI* II, x, p. 192b]

I do not listen to them and thereby learn something about myself. They have a completely different relation to my actions than to the actions of others.

If I listened to the words of my mouth, I would be able to say that someone else was speaking out of my mouth. [*PI* II, x, p. 192c]

"These days, I am inclined to say . . ."

If someone says something with a great deal of conviction,

glaubt er es jedenfalls, *während* er's sagt? Ist Glauben *so* ein Zustand?

Er spricht seinen Glauben um nichts besser aus durch "Ich glaube −−−" als durch die bloße Behauptung.

Mich interessieren meine Worte und meine Handlungen ganz anders als den Andern. (Auch z.B. mein Tonfall.) Ich verhalte mich zu ihnen nicht beobachtend.

Ich *kann* mich nicht beobachten wie den Andern. Mich fragen "Was wird dieser jetzt wohl tun?" etc.

Daher *kann* das Verbum "Er glaubt", "Ich glaubte" nicht die Fortsetzung in der ersten Person haben wie das Verbum "essen".

"Was *wäre* aber die Fortsetzung, die ich mir erwartete?!" Ich kann keine sehen.

"Ich glaube *das*." – "Da scheine ich also *das* zu glauben." "Nach meinen Äußerungen glaube ich *das*; aber es ist nicht so." [Vgl. *PU* II, x, S. 192d]

"Mir scheint, ich glaube[1] das, aber es ist nicht so."

Meine Worte sind *meinen* Handlungen parallel, seine seinen.

Andere Koordination.

Ich schließe nicht von meinen Worten auf meine vermut-

---

[1] Var.: "mein Ego glaubt".

does he believe it at least *while* he is saying it? Is belief *this* kind of state?

With "I believe – – –" he expresses his belief in no way better than with the simple assertion.

My words and my actions interest me in a completely different way than they do someone else. (My intonation also, for instance.) I do not relate to them as an observer.

I *can* not observe myself as I do someone else, cannot ask myself "What is this person likely to do now?" etc.

Therefore the verb "He believes", "I believed" *can* not have the kind of continuation in the first person as the verb "to eat".

"But what *would* the continuation be that I was expecting?!" I can see none.

"I believe *this*." – "So it appears I believe *this*."
"Going by my utterances, I believe *this*; but it isn't so."
[Cf. *PI* II, x, p. 192d]

"It seems to me I believe[1] this, but it isn't so."

My words are parallel to *my* actions, his to his.

A different co-ordination.

I do not draw conclusions as to my probable actions from

[1] Var.: "my ego believes".

lichen Handlungen.

Jene konsequente Fortsetzung wäre "Ich scheine zu glauben". [Vgl. *PU* II, x, S. 192b]

Die Annahme ist von vornherein umgeben von allen Formen des Wortes "glauben", von allen den verschiedenen Implikationen.
Denn ich beherrsche seine Technik, lang ehe ich über sie nachdenke. [Vgl. *PU* II, x, S. 192e]

"Nach meiner Äußerung zu urteilen glaube ich *das*."
(Nun, es ließen sich Umstände ausdenken, in denen so eine Äußerung Sinn hätte. Aber von diesem Gebrauch des Wortes "Glauben" reden wir nicht.) [S. *PU* II, x, S. 192d]

Und es könnte Einer auch sagen "Es wird regnen, aber ich glaube es nicht", wenn Anzeichen dafür da wären, daß zwei Personen aus seinem Munde reden. Es würden hier Sprachspiele gespielt, die wir uns zwar ausmalen können, die wir aber für gewöhnlich nicht antreffen. [Vgl. *PU* II, x, S. 192d]

Und dann könnte Einer auch sagen "Es regnet, aber ich glaube es nicht". Man müßte sich dazu Anzeichen ausmalen, daß zwei Persönlichkeiten aus seinem Munde sprechen.[1] [S. *PU* II, x, S. 192d]

Da scheint es ja als wäre die Behauptung "Ich glaube" nicht die Behauptung dessen, was die Annahme "ich glaube" annimmt!

Ich bin also versucht nach einer andern Fortsetzung des Verbums in der 1. Pers. Ind. zu suchen. [Vgl. *PU* II, x, S. 190c]

[1] Var.: "Man müßte sich dazu ein Benehmen ausmalen, welches darauf deutet, daß zwei . . .".

my words.

That consistent continuation would be "I seem to believe".
[Cf. *PI* II, x, p. 192b]

From the very beginning, the assumption is surrounded
by all forms of the word "to believe", by all of the different
implications.
For I have a mastery of his technique long before I reflect
upon it. [Cf. *PI* II, x, p. 192e]

"Judging from what I say, *this* is what I believe."
(Now it would be possible to think of circumstances in
which such an utterance would make sense. But we are not
talking about this use of the word "belief".) [See *PI* II, x,
p. 192d]

And someone could also say "It's going to rain, but I
don't believe it" if there were indications that two people
were speaking through his mouth. Language-games would
be played here which we could imagine, to be sure, but
which normally we don't encounter. [Cf. *PI* II, x, p. 192d]

And then it would also be possible for someone to say "It
is raining, but I don't believe it". One would have to fill
out the picture with indications that two personalities were
speaking through his mouth.[1] [See *PI* II, x, p. 192d]

Here it does look as if the assertion "I believe" were
not the assertion of what is supposed in the hypothesis "I
believe"!

Therefore I am tempted to look for a different continuation
of the verb in the first person indicative. [Cf. *PI* II, x, p.
190c]

[1] Var.: "One would have to fill out the picture with behaviour indicating
that two ...".

Ich denke so: Glauben ist ein Zustand der Seele. Er existiert während einer Zeit, er ist nicht an die Zeit seines Ausdrucks gebunden. Er ist also eine *Art* Disposition. Die offenbart mir im Andern sein Benehmen, seine Worte. Und zwar ebensowohl sein Ausdruck "Ich glaube" wie die einfache Behauptung. Wie ist es nun mit mir? Studiere ich meine Disposition, um die Behauptung oder die Äußerung "Ich glaube" zu machen? —— Aber *könnte* ich nicht doch wie der Andre ein Urteil über diese Disposition abgeben? Da müßte ich ja wie der Andre auf mich achtgeben, auf meine Worte hören etc. [Vgl. *PU* II, S. 191i–192a]

Jene Fortsetzung könnte ich finden, wenn ich nur sagen könnte "Ich scheine zu glauben". [*PU* II, x, S. 192b]

Eine fleckige Wand, und ich beschäftige mich damit, Gesichter in ihr zu sehen; aber nicht um die Natur des Aspekts zu studieren, sondern weil mich jene Gestalten interessieren und das Verhängnis, das mich von einer zur andern führt. [*LS* I, 480a]

Aspekte leuchten immer wieder vor mir auf, andere vergehen, manchmal 'starre ich wie blind' auf die Wand. [*LS* I, 480b]

Unter den Flecken könnte auch das Doppelkreuz und der Hasen-Entenkopf sein und sie könnten wie die andern und mit ihnen einmal so, einmal so gesehen werden. [Vgl. *LS* I, 481]

Das Aufleuchten von Aspekten ist dem Aufleuchten von Vorstellungsbildern verwandt.

Wenn ich es immer als ein ef verwendet habe, so habe ich's darum nicht als ein ef *gesehen*.

'Das kann ein F sein.'

This is how I think of it: believing is a state of mind. It exists during a period of time, it doesn't attach to the time of its expression. So it is a *kind* of disposition. This is shown me in the case of someone else by his behaviour, by his words. And specifically by his expression "I believe" as well as the simple assertion. What about my own case? Do I study my disposition in order to make the assertion or the utterance "I believe"? —— But *couldn't* I make a judgement about this disposition just like someone else? In that case I would have to pay attention to myself, listen to my words, etc., just as someone else would have to do. [Cf. *PI* II, x, pp. 191i–192a]

I could find that continuation if only I could say "I seem to believe". [*PI* II, x, p. 192b]

A wall covered with spots, and I occupy myself by seeing faces on it; but not so that I can study the nature of an aspect, but because those shapes interest me, and so does the spell under which I go from one to the next. [*LW* I, 480a]

Again and again aspects dawn, others fade away, and sometimes I 'stare blindly' at the wall. [*LW* I, 480b]

The double cross and the duck-rabbit might be among the spots and they could be seen like the figures and together with them now one way, now another. [Cf. *LW* I, 481]

The dawning of aspects is related to the dawning of mental images.

Just because I always used it as an 'f' doesn't mean that I have therefore *seen* it as an 'f'.

'That can be an F.'

N.B.　　Der Aspekt scheint zur Struktur der inneren Materialisation zu gehören. [*LS* I, 482]

Wir lernen Sprachspiele. Wir lernen Gegenstände nach ihren Farben ordnen; die Farben von Gegenständen melden, Farbstoffe auf verschiedene Weise erzeugen, Formen vergleichen, melden, messen etc. etc.
Lernen wir auch, sie uns vorzustellen? [*LS* I, 483]

Es gibt ein Sprachspiel "Melde die Farbe . . .", aber nicht "Melde *diese* Farbe hier".

Es gibt ein Sprachspiel "Melde, ob diese Figur in jener vorkommt". (Auch "wie oft" oder "wo".)
Was du meldest ist eine Wahrnehmung. [*LS* I, 484]

Man könnte also auch sagen: "Melde, ob hier ein Spiegelef vorkommt", und es kann einem plötzlich auffallen. Dies könnte von großer Wichtigkeit sein. [*LS* I, 485]

Die Meldung aber "Jetzt sehe ich's als – jetzt als –" meldet keine Wahrnehmung. [*LS* I, 486]

Du kannst daran so denken, oder so, dann siehst du es einmal so, einmal so. *Wie?*

Du kannst dabei einmal an *das* denken, einmal an *das*, es einmal als *das* ansehen, einmal als *das*, und dann wirst du's einmal *so*, einmal *so* sehen. *Wie* denn?! Es gibt ja keine weitere Bestimmung. [*LS* I, 487; *PU* II, xi, S. 200d]

Freilich wenn du *so* schaust, die Brauen zusammenziehst z.B., dann siehst du's grün, aber sonst rot. So könnte mich die Farbe doch übers Objekt belehren. Die Vorschrift wäre eben, du mußt *so* schauen.

The aspect seems to belong to the structure of the inner
materialization. [*LW* I, 482]

We learn language-games. We learn how to arrange
objects according to their colours; how to report the colours
of things, how to produce dyes in different ways, how to
compare shapes, report, measure, etc. etc.

Do we also learn how to form mental images out of them?
[*LW* I, 483]

There is a language-game "Report the colour . . .", but
not "Report *this* colour here".

There is a language-game "Tell me whether this figure is
contained in that one". (Also "how often" or "where".)

What you report is a perception. [*LW* I, 484]

So we could also say: "Tell me whether there is a mirror-
F here", and suddenly it might strike us that there is. This
could be very important. [*LW* I, 485]

But the report "Now I see it as — now as — " does not
report any perception. [*LW* I, 486]

You can think of it in this way, or in that way, then you
see it now this way, now that. *How*?

You can think now of *this*, now of *that*, as you look at it,
look at it now as *this*, now as *that*, and then you will see it
now *this* way, now *that* way. *What* way? There *is* no further
qualification. [*LW* I, 487; *PI* II, xi, p. 200d]

To be sure, if you look *that* way, furrowing your brows
for instance, then you see it green, but otherwise red. In this
way, the colour could teach me about the object after all.
The prescription would simply be – you have to look *this*
way.

N.B.   Ich kann die Aspekte des F wechseln und mir keiner andern Willenshandlung dabei bewußt sein. [*LS* I, 488]

– – – Denn der Ausdruck der Verwandlung des Aspekts ist auch der Ausdruck der Kongruenz und Unähnlichkeit.

Sehen und denken im Aspekt.

Ich schaue auf ein Tier. Man fragt mich "Was siehst du dort?" Ich antworte "Einen Hasen". – – – Ich sehe in die Landschaft; plötzlich läuft ein Hase vorbei. Ich rufe aus: "Ein Hase!"

Beides, die Meldung und der Ausruf, kann man (einen) Ausdruck der Wahrnehmung und des Seherlebnisses nennen. Aber der Ausruf ist es in anderem Sinn als die Meldung. Er entringt sich uns. Er verhält sich zum Erlebnis ähnlich wie der Schrei zum Schmerz. [*PU* II, xi, S. 197b; *LS* I, 549b]

Aber da er die Beschreibung einer Wahrnehmung ist, kann man ihn auch den Ausdruck eines Gedankens nennen. Und man kann also sagen, daß wer das Tier anschaute, nicht an das Tier denken müßte; wer aber das Seherlebnis hat, dessen Ausdruck der Ausruf ist, der denkt auch an das, was er sieht. [*PU* II, xi, S. 197c; *LS* I, 553]

Und darum scheint das Erlebnis des Aspektwechsels halb Seh- halb Gedankenerlebnis. [Vgl. *PU* II, xi, S. 197d; *LS* I, 554]

Beim Sehen des Aspektwechsels *beschäftige* ich mich mit dem Objekt.[1] [Vgl. *LS* I, 555]

Mit dem, was ich jetzt bemerke, was mir auffällt, beschäftige ich mich. Insofern ist das Erleben des Aspektwechsels gleich einem Tun. [*LS* I, 556]

---

[1] Varianten: "scheine ich mich mit dem Objekt beschäftigen zu müssen."/"muß ich mich mit dem Objekt beschäftigen."

14

I can change the aspects of the F and in so doing I do not N.R. have to be cognizant of any other act of volition. [*LW* I, 488]

– – – For the expression of the changing of the aspect is also the expression of congruence and dissimilarity.

Seeing and thinking in the aspect.

I look at an animal. I am asked "What do you see there?" I answer "A hare". – – – I gaze at the landscape; suddenly a hare runs by. I exclaim: "A hare!"

Both things, both the report and the exclamation, can be called expressions⁻ of perception and of visual experience. But the exclamation is so in a different sense from the report. It is wrung from us. It is related to the experience as a cry is to pain. [*PI* II, xi, p. 197b; *LW* I, 549b]

But since it is the description of a perception, it can also be called the expression of a thought. And therefore we can say that if you looked at the animal you would not have to think of the animal; but if you are having the visual experience expressed by the exclamation you are also thinking of what you see. [*PI* II, xi, p. 197c; *LW* I, 553]

And that is why the experience of a change of an aspect seems half visual-, half thought-experience. [Cf. *PI* II, xi, p. 197d; *LW* I, 554]

When I see a change of aspect, I am *occupied* with the object.¹ (Cf. *LW* I, 555]

I am occupied with what I am now noticing, with what strikes me. In that respect, experiencing a change of aspect is similar to an action. [*LW* I, 556]

¹ Variants: "I seem to have to occupy myself with the object."/"I have to occupy myself with the object."

N.B.   Es ist ein Aufmerken.

Was ist das Kriterium des Seherlebnisses? Was soll das Kriterium sein?

Die Darstellung dessen, 'was gesehen wird'. [*PU* II, xi, S. 198b; *LS* I, 563]

Kann ich nun beim Aufleuchten des Aspekts ein Seher-lebnis von einem *Denkerlebnis* trennen? (und was heißt das?) Wenn du es trennst, dann geht der Aspekt verloren. [Vgl. *LS* I, 564]

Wie ist es hier mit dem Doppelkreuz? Es ist wieder Sehen einer Deutung gemäß. Sehen *als*.

Wenn ich nun diesen Menschen in der Menge erkenne, nachdem ich vielleicht schon längere Zeit in seiner Richtung geschaut habe, – ist es ein Sehen? ein Denken?[1] Der Ausdruck des Erlebnisses ist "Schau, da ist der . . .!" – aber er könnte natürlich auch eine Skizze sein. Auch in der Skizze und im Skizzieren mag es sich ausdrücken, daß ich diesen erkenne. (Aber das plötzliche Erkennen drückt sich darin nicht aus.) [*LS* I, 571a; vgl. *PU* II, xi, S. 197h]

Nimm an, das Kind erkennt plötzlich einen Menschen. Es sei das erste Mal, daß es jemand plötzlich erkennt. —— Es ist, als wären ihm plötzlich die Augen aufgegangen.

Man kann z.B. fragen: Wenn es den so und so plötzlich erkennt, – könnte es dasselbe plötzliche Seherlebnis haben, aber ohne den Menschen zu erkennen? Nun, es könnte ihn z.B. *falsch* erkennen. [*LS* I, 572]

---

[1] Var.: ", – ist das ein besonderes Sehen? ist es ein Sehen und Denken? eine Verschmelzung der beiden – wie man beinahe sagen möchte? Die Frage ist: *Warum* will man das sagen? Nun, wenn man *so* fragt, ist es nicht sehr schwer zu beantworten." – Der Pfeil am Ende der Bemerkung zeigt, daß sie mit der nächstfolgenden Bemerkung zusammenhängt.

It is a paying of attention.

What is the criterion of visual experience? What ought the criterion be?

The representation of 'what is seen'. [*PI* II, xi, p. 198b; *LW* I, 563]

Now when the aspect dawns can I separate a visual experience from a *thought-experience*? (And what does that mean?) If you separate them then the aspect is lost. [Cf. *LW* I, 564]

And what about the double cross? Again, it is seeing according to an interpretation. Seeing *as*.

Now when I recognize this person in a crowd, perhaps after looking in their direction for quite a while, – is this a sort of seeing? A sort of thinking?[1] The expression of the experience is "Look, there's . . .!" But of course, it could just as well be a sketch. That I recognize this one might be expressed in the sketch, or in the process of sketching as well. (But the element of sudden recognition is not expressed in the sketch.) [*LW* I, 571a; cf. *PI* II, xi, p. 197h]

Suppose a child suddenly recognizes someone. Let it be the first time he has ever suddenly recognized someone. ——
It is as if his eyes had suddenly opened.

One can ask, for example: if he suddenly recognizes so and so, could he have the same sudden visual experience, but without recognizing the person? Well, he might for instance be *mistaken* in recognizing him. [*LW* I, 572]

---

[1] Var.: ", – is that a special kind of seeing? Is it a seeing and thinking? A melding of both – as one is almost tempted to say? The question is: *Why* does one want to say that? Well, if one asks in *this* way it is not very difficult to answer." – An arrow at the end of the remark shows that it is connected to the following remark.

N.B.   [Ich habe den Anfang vom Kind noch nicht richtig ausgewertet.]

Denk, Einer fragte: "Tu ich denn das mit den Augen?" [*LS* I, 573]

Derselbe Ausdruck, der früher Meldung des Gesehenen war, ist jetzt Ausruf.

Es läuft ein Hase über den Weg. Er kennt ihn nicht und sagt: "Etwas Seltsames ist vorbeigefahren" und beschreibt nun die Erscheinung. Der Andre sage "Ein Hase!" und er kann ihn nicht so genau beschreiben.
Und warum will ich nun dennoch sagen, daß der, der ihn erkennt, ihn anders sieht, als der ihn nicht erkennt? [*LS* I, 574]

Es ist der wohlbekannte Eindruck.

Sieht der das Lächeln, welcher es nicht als solches erkennt, anders als der es als Lächeln erkennt? Er reagiert anders drauf. [S. *LS* I, 575; *PU* II, xi, S. 198e]

Was ist dafür zu sagen, daß er es anders sieht? [*LS* I, 576]

"Wenn man weiß, was es ist, schaut's anders aus." – Wieso? [*LS* I, 577]

Wie wäre es, wenn Einer es zwar nicht kennte, sich aber gleich darin auskennt? Sieht er's dann wie der, der es kennt? – Was soll ich sagen? [S. *LS* I, 578]

Es ist eine Frage der Begriffsbestimmung. [*LS* I, 579]

Ich erwähne diese Arten der Aspekte, um zu zeigen, mit welcher Art der Vielheit man es hier zu tun hat. [*LS* I, 580]

[I haven't yet estimated correctly the beginning that the
child is making.]

What if someone were to ask: "Do I really do that with my eyes?" [*LW* I, 573]

The same expression which before was a report of what was seen now is an exclamation.

A hare runs across a path. Someone doesn't know it and says: "Something strange whizzed by" and he proceeds to describe the appearance. Someone else says "A hare!", and he cannot describe it so precisely.
Now why do I still want to say that the person who recognizes it sees it differently from the person who doesn't? [*LW* I, 574]

It is the well-known impression.

Does someone who doesn't recognize a smile as a smile see it differently than someone who does? He reacts to it differently. [Cf. *LW* I, 575, *PI* II, xi, p. 198e]

What can be cited in support of his seeing it differently? [*LW* I, 576]

"If one knows what it is, it looks different." – How so? [*LW* I, 577]

What would it be like if someone were not acquainted with it, but still knows all about it right away? Does he then see it in the same way as the one who is acquainted with it? – What should I say? [Cf. *LW* I, 578]

It's a question of the fixing of the concepts. [*LW* I, 579]

I'm mentioning these kinds of aspects in order to show the kind of multiplicity we are dealing with here. [*LW* I, 580]

N.B.   Es gibt hier eine Menge mit einander verwandter Erscheinungen und Begriffe. [S. *LS* I, 581; *PU* II, xi, S. 199d]

Manchmal ist das Begriffliche vorherrschend. (Was heißt das?) Das heißt doch: Manchmal ist der Ausdruck des Aspekterlebnisses nur durch eine begriffliche Erklärung möglich. Und diese kann wieder sehr verschiedener Art sein. [*LS* I, 582]

Es ist wichtig hier zu bedenken, daß es eine Menge mit einander verwandter Erscheinungen und Begriffe gibt. [Vgl. *LS* I, 581; *PU* II, xi, S. 199d]

Denk nur an die Worte, die Liebende zu einander sprechen! Sie sind mit Gefühl 'geladen'. Und sie sind gewiß nicht auf Vereinbarung durch beliebige andere Lautreihen ersetzbar. Ist das nicht, weil sie *Gesten* sind? Und eine Geste muß nichts Angeborenes sein; sie ist anerzogen, aber eben *assimiliert*. – Aber ist das nicht Mythus?! – Nein. Denn die Merkmale der Assimilation sind eben, daß ich *dies* Wort gebrauchen will und lieber keines als ein mir aufgedrungenes verwenden will, und ähnliche Reaktionen. [*LS* I, 712]

"Ich bemerkte die Ähnlichkeit vielleicht 5 Minuten." "Nach 5 Minuten habe ich die Ähnlichkeit nicht mehr bemerkt, zuerst aber sehr stark."
"Nach fünf Minuten ist mir die Ähnlichkeit nicht mehr aufgefallen, zuerst aber sehr stark." (Vgl. *LS* I, 707)

. . . "Ich bemerkte die Ähnlichkeit vielleicht 5 Minuten lang, dann nicht mehr." [Vgl. *LS* I, 707; *PU* II, xi, S. 210f]

"Sie fällt mir nicht mehr auf", aber was geschieht da, wenn sie mir auffällt?
Nun, ich schaue das Gesicht so und so an, sage das und das, zu mir oder zu Andern, denke das und das. Aber ist das das *Auffallen* der Ähnlichkeit? Nein, das sind die *Erscheinungen* des Auffallens, aber diese *sind*, 'was geschieht'.

Here there is a host of interrelated phenomena and concepts. [Cf. *LW* I, 581; *PI* II, xi, p. 199d]

Sometimes the conceptual is dominant. (What does that
mean?) Doesn't it mean: sometimes the experience of an
aspect can be expressed only through a conceptual explanation. And this explanation in turn can take many forms.
[*LW* I, 582]

Here it is important to consider that there is a host of
interrelated phenomena and concepts. [Cf. *LW* I, 581; *PI* II,
xi, p. 199d]

Just think of the words exchanged by lovers! They're
'loaded' with feeling. And surely you can't just agree to
substitute for them any other progressions of sound you
please. Isn't this because they are *gestures*? And a gesture
doesn't have to be something innate; it is instilled, and yet
assimilated. – But isn't that a myth?! – No. For the signs of
assimilation are that I want to use *this* word, that I prefer to
use none at all to using one that is forced on me, and similar
reactions. [*LW* I, 712]

"I noticed the likeness for maybe 5 minutes." "After 5
minutes I no longer noticed the likeness, but at first very
strongly."
"After 5 minutes the likeness no longer struck me, but at
first very strongly." [Cf. *LW* I, 707]

. . . "I noticed the likeness for maybe 5 minutes, and then
no longer." [Cf. *LW* I, 707; *PI* II, xi, p. 210f]

"I'm no longer struck by it," but what happens when I
am struck by it?
Well, I look at the face in such and such a manner, say
this and that to myself or to others, think this and that.
But is that *being struck* by the similarity? No, these are the
phenomena of being struck, but these *are* 'what happens'.

'Auffallen' ist eine andere (und verwandte) Art Begriff als 'Erscheinung des Auffallens'. [Vgl. *LS* I, 708; *PU* II, xi, S. 211d]

Aber ist das Denken und das Sagen nicht verschiedener *Art*! und ist das Denken nicht das Auffallen?

Ich kann mir die und die Worte im Innern sagen, *ohne* ihren Inhalt zu denken.

Denken und in der Vorstellung sprechen (ich sage nicht "zu sich selbst sprechen") sind verschiedene Begriffe. [*LS* I, 709; *PU* II, xi, S. 211f]

Ist das Auffallen: Schauen und Denken?
Nein. Viele Begriffe *kreuzen* sich hier. (*LS* I, 710; *PU* II, xi, S. 211e]

Wie weiß der Chemiker, daß ein Na Atom an *dieser* Stelle der Struktur sitzt. Frage nach dem Kriterium, nicht psychologische Frage. [Vgl. *LS* I, 786]

Ein Kind lernt eine bestimmte Schreibweise unsrer Buchstaben, aber es weiß nicht, daß es Schreibweisen gibt, und kennt den Begriff der Schreibweise nicht.

– – – Wenn nicht, so würde man das nicht wohl eine Blindheit nennen können. [Vgl. *PU* II, xi, S. 214a]

– – – Nun sein Defekt wird etwa mit diesem verwandt sein.

Wenn ich aber sagen will "Dieses Wort (im Gedicht) stand wie ein Bild da[1]

---

[1] Der Satz augenscheinlich unvollständig. – Absatz b lautet ursprünglich, dann teils durchgestrichen, im MS: "'Das Wort (im Gedicht) ist wie das treffende Bild dessen was es bedeutet' – – –".

'Being struck' is a different (and related) type of concept from 'phenomenon of being struck'. [Cf. *LW* I, 708; *PI* II, xi, p. 211d]

But aren't thinking and saying different *kinds* of things! And isn't the thinking the being struck?

I can say such and such words to myself *without* thinking of their content.

Thinking and inward speech (I do not say "talking to oneself") are different concepts. [*LW* I, 709; *PI* II, xi, p. 211f]

Is being struck: looking and thinking?
No. Many concepts *cross* here. [*LW* I, 710; *PI* II, xi, p. 211e]

How does the chemist know that there is an Na atom at *this* point in the structure. A question of the criterion, not a psychological question. [Cf. *LW* I, 786]

A child learns a certain way of writing our letters, but it doesn't know that there are ways of writing, and doesn't know the concept 'way of writing'.

– – – If not, one could not very well call it a blindness. [Cf. *PI* II, xi, p. 214a]

– – – Well, his defect will be more or less related to this one.

But if I want to say "This word (in the poem) stood there like a picture[1]

---

[1] The sentence is obviously incomplete. In the manuscript paragraph b originally read, and was then partially crossed out: "'The word (in the poem) is like the fitting picture of what it means' – – –".

"Das Wort (im Gedicht) ist nicht anders als ein Bild dessen, was es bedeutet" – – –

Wenn mir der Satz wie ein Wortgemälde vorkommen kann ('Am grünen Ort erschallen Lustgesänge[1]

Wenn mir aber der Satz wie ein Wortgemälde vorkommen kann, ja das einzelne Wort im Satz wie ein Bild, dann ist es nicht mehr ganz so verwunderlich, daß ein Wort außer jedem Zusammenhang und ohne Zweck ausgesprochen eine bestimmte Bedeutung in sich zu tragen scheint. [PU II, xi, S. 215c]

Erlebnis der Richtung.

Denke hier an eine besondere Art der Täuschung, die auf diese Dinge ein Licht wirft. [S. PU II, xi, S. 215d; LS I, 787]

Inwiefern *ist* eine Vorstellung, ein Wort, etc., ein Keim? Sie ist der Anfang einer Ausdeutung.
Ich konnte ein Stück von einer Linie sehen und dann sagen, es war die Schulter des N. und dann, es sei der N., welcher . . ., etc. Ich habe es aber nicht der Linie entnommen, daß sie die Schulter ist etc.

Was heißt es nun, beim Suchen nach einem Namen oder Wort fühle, erlebe, man eine Lücke, in die nur ein einziges Ding paßt etc. Nun diese Worte könnten ja der primitive Ausdruck sein, statt des Ausdrucks "das Wort liegt mir auf der Zunge". Der Ausdruck James's ist eigentlich nur eine Paraphrasierung des gewöhnlichen.

James will eigentlich sagen: Was für ein merkwürdiges Erlebnis! Das Wort ist nicht da und ist doch schon da, oder

[1] Der Satz scheint unvollständig zu sein.

"The word (in the poem) is not different from a picture of what it means"---

If the sentence can appear to me like a word-painting ('Joyous songs resound in the green dell[1])

But if a sentence can strike me like a painting in words and the very individual word in the sentence like a picture, then it is not quite so much of a marvel that a word uttered outside of all context and without purpose seems to carry a particular meaning in itself. [*PI* II, xi, p. 215c]

Experience of direction.

Think here of a special kind of illusion which throws light on these matters. [Cf. *PI* II, xi, p. 215d; *LW* I, 787]

In what way *is* a mental image, a word, etc., a germ? It is the beginning of an interpretation.

I was able to see a part of a line and then say it was N's shoulder, and then that it is N, who . . ., etc. But I did not deduce from the line that it is the shoulder etc.

Now what does it mean to say that in searching for a name or a word one feels, experiences, a gap which can only be filled by a particular thing, etc. Well, these words could be the primitive expression in the place of the expression "The word is on the tip of my tongue". James's expression is actually only a paraphrase of the usual one.

James really wants to say: What a remarkable experience! The word is not here and yet already here, or something is

---

[1] The sentence seems to be incomplete.

etwas ist da, was nur zu diesem Wort heranwachsen kann. Aber das ist gar kein Erlebnis. Die Wörter "Es liegt mir auf der Zunge" drücken kein Erlebnis aus und James deutet sie nur als Beschreibung eines Erlebnisinhalts. [Vgl. *PU* II, xi, S. 219d; *LS* I, 841]

"Es liegt mir auf der Zunge" drückt sowenig ein Erlebnis aus wie "Jetzt hab ich's!" Es ist ein Ausdruck, den wir in gewissen Situationen gebrauchen und er ist umgeben von einem bestimmten Benehmen, auch von manchen charakteristischen Erlebnissen. [S. *PU* II, xi, S. 219e; *LS* I, 842]

Geschieht nicht doch etwas besonderes, wenn Einem ein Wort einfällt? Horch genau hin. – Das feine Hinhorchen nützt dir[1] nichts. Du könntest damit doch nur entdecken, was in dir selbst zu dieser Zeit stattfindet. [Vgl. *PU* II, xi, S. 219a]

Und wie kann ich gar beim Philosophieren *darauf* hinhorchen. Und doch kann ich mir's einbilden. Wie kommt das? Worauf gebe ich eigentlich acht?

Könnte man sich denken, daß Menschen das Lügen als eine Art Wahnsinn betrachteten. – Sie sagen "Es ist doch nicht wahr, wie kann man's denn dann sagen?!" Sie hätten kein Verständnis für die Lüge. "Er wird doch nicht sagen, er hat Schmerzen, wenn er keine hat! – Sagt er's doch, so ist er verrückt." Nun versucht man ihnen die Versuchung zur Lüge begreiflich zu machen, aber sie sagen: Ja es wäre freilich angenehm, wenn er glaubte – – –, aber es ist doch nicht *wahr*!" – Sie verurteilen das Lügen nicht so sehr als sie es als etwas Absurdes und Widerliches empfinden. Wie wenn einer von uns anfinge auf allen vieren zu gehen.

Inwiefern macht die Unsicherheit, die Möglichkeit des

[1] Im MS "dich".

here which cannot grow into anything but this word. But this is not experience at all. The words "It's on the tip of my tongue" are not the expression of an experience and James only interprets them as the description of the content of an experience. (Cf. *PI* II, xi, p. 219d; *LW* I, 841]

"It's on the tip of my tongue" no more expresses an experience than "Now I've got it!" It's an expression which we use in certain situations and is surrounded by a certain behaviour, and also by several characteristic experiences. [Cf. *PI* II, xi, p. 219e; *LW* I, 842]

Doesn't something special happen after all when a word comes to you? Listen carefully. – Listening carefully doesn't do you any good. You could do no more than discover what's going on in yourself at that time. [Cf. *PI* II, xi, p. 219a]

And how, when I'm doing philosophy, can I listen *for that* at all. And yet I can imagine that I do. How does that come about? What am I actually paying attention to?

Could one imagine that people view lying as a kind of insanity. – They say "But it isn't true, so how can you say it then?!" They would have no appreciation for lying. "But he won't say that he is feeling pain if he isn't! – If he says it anyway, then he's crazy." Now one tries to get them to understand the temptation to lie, but they say: "Yes, it would certainly be pleasant if he believed – – –, but it isn't *true*!" – They do not so much condemn lying as they sense it as something absurd and repulsive. As if one of us began walking on all fours.

In which way does uncertainty, the possibility of deceit,

Betrugs, Schwierigkeiten im Schmerzbegriff?? [Vgl. *LS* I, 876]

"Ich bin *sicher*, er hat Schmerzen." – Was heißt das? Wie verwendet man's? Was ist der Ausdruck der Sicherheit im Benehmen, was *macht* uns sicher?

Nicht ein Beweis. D.h. was mich sicher macht, macht einen Andern nicht sicher. Aber die Diskrepanz hat Grenzen.

Denke nicht ans Sicher-sein als einen Geisteszustand, eine Art Gefühl, oder dergleichen. Das Wichtige an der Sicherheit ist die Handlungsweise, nicht der Ausdruck der Stimme, mit dem man spricht.

Der Glaube, die Sicherheit, eine Art Gefühl beim Äußern des Satzes. Nun, es gibt einen *Ton* der Überzeugung, des Zweifels etc.. Aber der wichtigste Ausdruck der Überzeugung ist nicht dieser Ton, sondern die Handlungsweise.

Wenn du daran denkst, man könne sicher sein, daß der Andre Schmerzen hat, so sollst du nicht fragen "Was geht da in mir[1] vor?", sondern: "Wie äußert sich das?".

Frag nicht, "was geht da in uns vor, wenn wir sicher sind – – –?", sondern "Wie zeigt es sich?" [Vgl. *PU* II, xi, S. 225b]

Das Denken des Menschen geht im Innern des Bewußtseins in einer Abgeschlossenheit vor sich, gegen die jede physische Abgeschlossenheit Offenheit ist.[2] [*PU* II, xi, S. 222c]

Die Zukunft ist uns verborgen. Aber fühlt der Astronom das, der eine Sonnenfinsternis berechnet? [Vgl. *PU* II, xi, S. 223d]

---

[1] Var.: "im Geiste".
[2] Var.: "ein offenes Daliegen ist."

create difficulties with the concept of pain?? [Cf. *LW* I, 876]

"I am *certain* that he's in pain." – What does that mean? How does one use it? What is the expression of certainty in behaviour, what *makes* us certain?

Not a proof. That is, what makes me certain doesn't make someone else certain. But the discrepancy has its limits.

Don't think of being certain as a mental state, a kind of feeling, or some such thing. The important thing about certainty is the way one behaves, not the inflection of voice one uses in speaking.

The belief, the certainty, a kind of feeling when uttering a sentence. Well, there is a *tone* of conviction, of doubt, etc. . But the most important expression of conviction is not this tone, but the way one behaves.

When you think that one can be certain that someone else is in pain you shouldn't ask "What goes on in me[1] then?", but "How does that get expressed?"

Ask not "What goes on in us when we are certain – – –?", but "How does it show?" [Cf. *PI* II, xi, p. 225b]

A man's thinking goes on within his consciousness in a seclusion in comparison with which any physical seclusion is openness.[2] [*PI* II, xi, p. 222c]

The future is hidden from us. But does the astronomer feel that who calculates an eclipse of the sun? [Cf. *PI* II, xi, p. 223d]

[1] Var.: "in the mind".
[2] Var.: "is a lying open to view."

N.B.   Das Innere ist verborgen. —— Die Zukunft ist verborgen.
[*PU* II, xi, S. 223d]

Aber entspricht dem Wort im primitiven Ausruf und in der Mitteilung[1] nicht *dasselbe* —— nämlich dasselbe Gefühl? Hat das Kind, das noch nicht sprechen kann, nicht dasselbe Gefühl wie das andre? *Wie* vergleicht man sie? Nun, *so* verglichen, ist es das gleiche.

Drückt das Kind auf die primitive Art nicht eben das Gefühl aus, wovon das andere *berichtet*?

Die logische und die psychologische Unmöglichkeit.

Wen ich, mit offenbarer Ursache, sich in Schmerzen winden sehe, von dem denke ich nicht, seine Gefühle seien mir doch verborgen. [*PU* II, xi, S. 223e]

"Es verhält sich so und so." Einerseits hat es den Satzklang, anderseits das Schreitende des Satzes. Es ist eine *Bewegung*, die anfängt und zu einem Ende kommt. Eben nicht *ein* Zeichen, das etwas bezeichnet, sondern etwas, was *Sinn* hat, was einen Sinn hinstellt, der unbekümmert von Wahr- oder Falschheit besteht.[2] Es ist der Pfeil und nicht der Punkt.
(Wo aber ist der Fehler?)

"Es verhält . . ." ist eben ein Satz. Aber ich hätte doch nicht einen beliebigen andern sinnvollen Satz statt dessen gebraucht.

Solcher Art ist unser Begriff. – Aber könnten wir also einen andern haben? Einen, der Benehmen, Anlaß und

---

[1] Var.: "im Satz".
[2] Varianten: "der vor aller Wahr- oder Falschheit besteht."/"der besteht, ob er wahr oder falsch ist."

The inner is hidden. —— The future is hidden. [*PI* II, xi, p. 223d]

But doesn't *the same thing* —— i.e. the same feeling —— correspond to the word in the primitive exclamation and in the statement[1]? Doesn't the child who cannot yet speak have the same feeling as the one who can? *How* can they be compared? Well, compared *this way* it is the same feeling.

Doesn't the child in a primitive way express precisely that feeling that the other one *reports*?

Logical impossibility and psychological impossibility.

If I see someone writhing in pain with evident cause I do not think, all the same, his feelings are hidden from me. [*PI* II, xi, p. 223e]

"Such and such is the case." On the one hand it has the sound, on the other the striding nature, of a sentence. It is a *motion* which begins and comes to an end. Precisely not *one* sign, which designates something, but rather something that has *sense*, which sets up a sense that exists without regard to truth or falsity.[2] It is the arrow and not the point.
(But where is the mistake?)

". . . is the case" is simply a sentence. But I would not after all have used just any other meaningful sentence in its place.

Our concept is of such a kind. – But could we have a different one then? One that brings behaviour, occasion and

---

[1] Var.: "in the sentence".
[2] Variants: "that exists before all truth or falsity."/"that exists whether it is true or false."

Erlebnis[1] in zwangsläufige Verbindung bringt? Warum nicht? Aber wir müßten dann doch so beschaffen sein, daß wir tatsächlich Alle, oder so ziemlich Alle, unter gleichen Umständen gleich[2] reagieren. Denn wenn wir glauben, sein Gefühlsausdruck sei echt, so benehmen wir uns ja – im allgemeinen – anders als wenn wir das Gegenteil glauben.

Aber diese Übereinstimmung besteht *nicht* und darum wüßten wir nicht, was wir mit einem zwangsläufigen Begriff anzufangen hätten. (Schotterhaufen.[3])

––– darum weil anderes für die Wahrheit seiner Aussage spricht und die Aussage andre Folgen hat.

––– Ist er aufrichtig, so kann[4] er sie uns sagen, aber meine Aufrichtigkeit genügt nicht dazu, seine Motive zu erraten. Hier ist die Ähnlichkeit mit dem Wissen. [Vgl. *PU* II, xi, S. 224f]

Subjektive und objektive Sicherheit. [Vgl. *PU* II, xi, S. 225c]

Warum will ich sagen, "2 × 2 = 4" ist objektiv sicher, "Dieser Mensch hat Schmerzen" nur subjektiv sicher? [Vgl. *PU* II, xi, S. 224e]

Es kann zum Streit darüber kommen, was das richtige Resultat einer Rechnung, etwa einer längeren Addition, ist.[5] Aber so ein Streit ist selten und, wenn er entsteht, bald entschieden.
Das ist ein Faktum, das für die Funktion der Mathematik

[1] Var.: "inneren Vorgang".
[2] Var.: "übereinstimmend, oder nahezu übereinstimmend,".
[3] Var.: "Sandhaufen".
[4] Var.: "wird".
[5] Mehrere Varianten.

experience[1] into a necessary connection? Why not? But in that case we would have to be made in such a way that all of us or almost all of us in fact would react in the same way[2] under the same circumstances. For when we believe that the expression of his feelings is genuine, in general we behave differently from when we believe the opposite.

But this correspondence does *not* exist, and therefore we would not know what to do with a necessary concept. (Heap of stones.[3])

– – – therefore because different things speak for the truth of his statement, and the statement has different consequences.

– – – If he is sincere he can[4] tell us them, but my sincerity is not enough to guess his motives. This is where there is the similarity with knowing. [Cf. *PI* II, xi, p. 224f]

Subjective and objective certainty. [Cf. *PI* II, xi, p. 225c]

Why do I want to say "$2 \times 2 = 4$" is objectively certain, and "This man is in pain" only subjectively? [Cf. *PI* II, xi, p. 224e]

There can be a dispute over the correct result of a calculation, for instance, of a rather long addition.[5] But such a dispute is rare and is quickly decided if it arises.
This is a fact that is essential for the function of mathematics.

---

[1] Var.: "inner process".
[2] Var.: "correspondingly, or almost correspondingly,".
[3] Var.: "Heap of sand".
[4] Var.: "will".
[5] Several variants.

wesentlich ist.

[Physiker, Papier und Tinte, Zuverlässigkeit.] [Vgl. *PU* II, xi, S.225 d; vgl. auch S. 226b, c]

Es kann auch eine Unstimmigkeit darüber geben, welche Farbe ein Gegenstand hat. Dem Einen erscheint sie ein etwas gelbliches Rot, dem Andern ein reines Rot. Farbenblindheit kann durch bestimmte Tests erkannt werden.

Diese Übereinstimmung gibt es nicht in der Frage, ob eine Gefühlsäußerung geheuchelt, oder echt ist. [S. *PU* II, xi, S. 227e]

Warum nicht? – Was willst du wissen?

Angenommen Du sagst: *Dieser* mißtraut der Äußerung, weil er mißtrauischer ist als jener, der ihr traut.
Die Frage ist, wie kann hier die Disposition des Urteilenden eine wichtige Rolle spielen, wenn sie's sonst nicht tut? Oder auch: Wie kann ein solches Urteil dann *richtig* sein? Wie kann man hier dennoch von einem Urteil sprechen.[1]

Ich will die Betrachtungen über Mathematik, die diesen Philosophischen Untersuchungen angehören, "Anfänge der Mathematik" nennen. [Vgl. *PU* II, xiv, S. 232b; *LS* I, 792]

Wir spielen mit elastischen, ja auch biegsamen Begriffen. Das heißt nun aber nicht, daß sie *beliebig* und widerstandslos deformiert werden können, also *unbrauchbar* sind. Denn hätte Vertrauen und Mißtrauen *keine* Grundlage in der objektiven Realität, so wären sie nur von pathologischem Interesse.

Warum aber gebrauchen wir statt dieser vagen nicht bestimmtere Begriffe?

---

[1] Die Absätze kommen im MS als einzelne Bemerkungen vor, aber ein Pfeil deutet darauf hin, daß sie als ei.. Bemerkung gemeint sind.

24

[Physicist, paper and ink, reliability.] [Cf. *PI* II, xi, p. 225d; cf. also p. 226b, c]

There can also be a disagreement about what colour an object is. To one person it appears as a somewhat yellowish red, to another as a pure red. Colour blindness can be recognized by specific tests.

There is no such agreement over the question whether an expression of feeling is simulated or genuine. [See *PI* II, xi, p. 227e]

Why not? – What do you want to know?

Let's assume you say: *This* man distrusts the utterance because he is more distrustful than that man, who trusts it.
The question is, how can the disposition of the one making the judgement play an important role here if it doesn't do so elsewhere? Or also: How can such a judgement then be *correct*? How can one nevertheless speak of a judgement here?[1]

I want to call the observations on mathematics which are part of these philosophical investigations "the beginnings of mathematics". [Cf. *PI* II, xiv, p. 232b; *LW* I, 792]

We are playing with elastic, indeed even flexible concepts. But this does not mean they can be deformed *at will* and without offering resistance, and are therefore *unusable*. For if trust and distrust had *no* basis in objective reality, they would only be of pathological interest.

But why do we not use more definite concepts in place of these vague ones?

[1] The paragraphs appear as individual remarks in the manuscript, but an arrow indicates that they are intended as *one* remark.

N.B.   Aber *nicht*: die objektive Sicherheit besteht nicht, *weil* wir
nicht in des Andern Seele sehen. Dieser Ausdruck bedeutet
jenes.

Brächen unter den Mathematikern fortwährend Streitig-
keiten über die Richtigkeit der Rechnungen aus, wäre z.B.
der Einer überzeugt, eine der Ziffern habe sich unvermerkt
geändert oder das Gedächtnis habe ihn oder den Andern
getäuscht etc. etc., – so würde es den Begriff der 'mathematischen Sicherheit' entweder nicht geben oder aber er spielte
eine andre Rolle als die tatsächliche. Es könnte etwa die der
Sicherheit sein, Gott erhöre ein Gebet um Regen; entweder
indem er den Regen schicke, oder indem er ihn – aus den
und den und den Gründen – nicht schicke. [Vgl. *PU* II, xi,
S. 225d]

Es hieße dann etwa: "Wir können zwar nie sicher sein,[1]
was das Resultat einer Rechnung ist, aber sie hat immer ein
ganz bestimmtes Resultat, das Gott weiß.
Sie ist von der höchsten Sicherheit, wenn wir auch nur
ein rohes Abbild von ihr haben. [*PU* II, xi, S. 225e–226a]

Wenn ich also sage "In allen Schulen der Welt wird das
gleiche Einmaleins gelehrt" – was ist das für eine Feststellung? Es ist eine über den Begriff des Einmaleins. [Vgl. *PU*
II, xi, S. 227c]

"Bei einem Pferderennen laufen die Pferde, im allge-
meinen, so schnell als sie nur können." So könnte man
Einem erklären, was das Wort "Pferderennen" bedeutet.
[Vgl. *PU* II, xi, S. 227c]

Mit der 'mathematischen Sicherheit' fällt die 'Mathematik'.

[1] Var.: "*wissen*".

But *not*: objective certainty does not exist *because* we do not see into someone else's soul. This expression means that.

If constant quarrels were to erupt among mathematicians concerning the correctness of calculations, if for instance one of them were convinced that one of the numbers had changed without his noticing it or his memory had deceived him or someone else, etc. etc., – then the concept of 'mathematical certainty' would either not exist or it would play a different role than it does in fact. It could be the role of the certainty, for instance, that God answers a prayer for rain; either by sending rain or by not sending it – for such and such and such reasons. [Cf. *PI* II, xi, p. 225d]

Then it might be said, for instance: "True, we can never be certain[1] what the result of a calculation is, but it always has a quite definite result, which God knows.

It is of the highest certainty, though we only have a crude reflection of it." [*PI* II, xi, pp. 225e–226a]

If I say therefore "In all schools in the world the same multiplication tables are taught" – what kind of a statement is that? It is one about the concept of the multiplication table. [Cf. *PI* II, xi, p. 227c]

"In a horse race the horses generally run as fast as they can." In this way one could explain to someone what the word "horse race" means. [Cf. *PI* II, xi, p. 227c]

As 'mathematical certainty' falls, so does 'mathematics'.

[1] Var.: "*know*".

N.B.   Denk an das *Erlernen* der Mathematik und die Rolle der Formeln.

Zeig, wie das ist, wenn man Schmerzen hat. —— Zeig, wie das ist, wenn man heuchelt, daß man Schmerzen hat.

In einem Theaterstück kann man beides dargestellt sehen. Aber nun der Unterschied! [Vgl. *LS* I, 863]

——— Wie würden sie lernen, die Wörter zu gebrauchen? Und ist das Sprachspiel, welches sie lernen, noch das gleiche, welches wir den Gebrauch der Farbwörter nennen?

——— Damit könnte man sagen wollen, daß in *keinen* unsrer Schulen ein Narr Arithmetik unterrichtet. Es kann aber[1]

Es gibt Farbenblindheit und Mittel sie festzustellen. Unter denen, die nicht farbenblind sind, kommt es, im allgemeinen, über (ihre) Farburteile nicht zum Streit.
Dies ist eine Bemerkung über den Begriff der Farburteile. [S. *PU* II, xi, S. 227d; vgl. *LS* I, 931]

Und doch bin ich über diesen Ausdruck nicht glücklich. Warum? Ist es nur, weil das Kind das Heucheln nicht eigentlich *lernt*? Ja, es müßte auch die Umgebung des H. nicht *lernen*. Denke, es käme ein Kind mit erwachsenem Benehmen zur Welt. Es kann freilich noch nicht sprechen, hat aber z.B. schon entschiedene Ab- und Zuneigungen und bringt Freude, Ekel, Dankbarkeit etc. durch Mienen und Gebärden klar zum Ausdruck.
Muß es also schon mit dem Kopf nicken können? Oder bestimmte Inflexionen der Laute gebrauchen? [Vgl. *LS* I, 945]

– dieses besondere und durchaus nicht einfache Muster in

---

[1] Der Satz unvollständig.

Think of *learning* mathematics and the role of its formulas. N.R.

Show what it's like when one is in pain. —— Show what it's like when one pretends that one is in pain.

In a play one can see both portrayed. But now the difference! (Cf. *LW* I, 863]

——— How would they learn to use the words? And is the language-game they learn still the same one we call the use of colour-words?

——— In saying this one could want to say that in *none* of our schools a fool taught arithmetic. However it can[1]

There is such a thing as colour-blindness and there are ways of establishing it. Among those who are not colour-blind there is in general no argument about (their) colour-judgements.
This is a remark about the concept of colour-judgements. [See *PI* II, xi, p. 227d; cf. *LW* I, 931]

And yet I am not happy about this expression. Why? Is it only because a child doesn't actually *learn* to dissimulate? Indeed, it would not even have to *learn* what surrounds dissimulation. Imagine a child were born with the behaviour of a grown-up. Certainly it cannot yet talk, but it already has decided likes and dislikes, and clearly expresses joy, disgust, thankfulness, etc., in its facial expressions and gestures.
So does it already have to be able to nod its head? Or use certain inflections of sounds? [Cf. *LW* I, 945]

– this particular and not at all simple pattern in the drawing

[1] The sentence is incomplete.

der Zeichnung unsres Lebens.[1] [Vgl. *PU* II, xi, S. 229a]

Und wie sähe nun das Gegenteil aus? – Wie scharf wären die Grenzen der Evidenz?

Man würde nur fehlbar erkennen, wenn Einer z.B. traurig wäre. Aber was ist nun das für ein Begriff der Traurigkeit? Der alte?

Ein Stamm, in dem sich niemand je verstellt, oder doch so selten wie bei uns Einer auf der Straße auf allen vieren geht.[2] Ja wenn man einem von ihnen Verstellung anriete, benähme er sich etwa so wie einer von uns, dem man empfiehlt, auf allen vieren zu gehen. Aber was folgt? Es gibt dort also auch kein Mißtrauen. Und das ganze Leben sieht nun ganz anders aus, aber darum im Ganzen nicht notwendigerweise schöner.

Aus dem Fehlen der Verstellung folgt noch nicht, daß jeder weiß, wie's dem Andern zumute ist.

Aber auch das ließe sich denken. – Schaut er *so* aus, so ist er traurig. Aber das heißt nicht: "schaut er so aus, so geht *das* in seinem Innern vor", sondern ungefähr "Schaut er so aus, so können wir mit Sicherheit die Schlüsse ziehen, die *wir* oft nur mit Unsicherheit ziehen können; schaut er nicht so aus, so wissen wir, daß diese Schlüsse nicht zu ziehen sind".

Das kann man sagen, daß unser Leben sehr anders wäre, wenn die Menschen alles das laut sprächen, was sie jetzt im Stillen zu sich selber sagen, oder wenn dies von außen abzulesen wäre.

---

[1] Var.: "Dieses sehr spezielle Muster in der verwickelten Zeichnung des menschlichen Lebens."

[2] Var.: "Verstellung spielt bei ihnen die gleiche Rolle wie bei uns das Gehen auf allen vieren."

of our life.[1] (Cf. *PI* II, xi, p. 229a]

And what would the opposite now look like? – How well defined would the borders of evidence be?

One would recognize only with the possibility of error that someone was, for example, sad. But what kind of concept of sadness is that now? The old one?

A tribe in which no one ever dissimulates, or if they do, then as seldom as we see someone walking on all fours in the street.[2] Indeed if one were to recommend dissimulation to one of them, he might behave like one of us to whom one recommends walking on all fours. But what follows? So there is also no distrust there. And life in its entirety now looks completely different, but not on that account necessarily more beautiful as a whole.

It doesn't yet follow from a lack of dissimulation that each person knows how someone else feels.

But this too is imaginable. – If he looks like *this*, then he is sad. But that does not mean: "If he looks like this, then *that* is going on within him," but rather something like: "If he looks like this, then we can draw with certainty those conclusions which *we* frequently only can draw without certainty; if he does not look like that, we know that these conclusions are not to be drawn".

One can say that our life would be very different if people said all of those things aloud that they now say to themselves, or if this could be read externally.

---

[1] Var.: "This very special pattern in the convoluted drawing of human life."

[2] Var.: "Dissimulation plays the same role with them as does walking on all fours with us."

N.B.   Aber denk nun, du kämest in die Gesellschaft, in der, wie wir sagen wollen, die Gefühle mit Sicherheit an der Erscheinung zu erkennen sind (das Bild vom Innern und Äußern gebrauchen wir *nicht*). Aber wäre das nicht ähnlich, wie wenn man aus einem Land, wo viele Masken getragen werden, in eines kommt, wo keine, oder weniger Masken getragen werden? (Also etwa von England nach Irland.) Das Leben ist eben da *anders*.

Man wird oft sagen: Ich *verstehe* diese Leute nicht. [Vgl. *PU* II, xi, S. 223f]

Man sagt auch: Ich verstehe die Freude und die Trauer dieses Menschen nicht. Und was heißt das? Nicht dies, daß er eigentlich in meinem Sinn nicht traurig und nicht fröhlich ist? Und was heißt es nun zu sagen: In seinem Innern ginge vielleicht gerade dasselbe in ihm vor wie in mir, es habe nur einen andern Ausdruck?

Bedenke, daß wir den Andern nicht nur dann nicht verstehen, wenn er seine Gefühle versteckt, sondern oft auch dann nicht, wenn er sie nicht versteckt, ja wenn er sein Äußerstes tut, sich verständlich zu machen.

"Das Innere ist verborgen" wäre unter gewissen Umständen als sagte man: "Du *siehst* nur die äußere Zeichenbewegung einer Multiplikation; die Multiplikation selbst ist uns verborgen."

Die Unsicherheit dessen, was im Andern vor sich geht, ist nicht der Gegensatz seiner eignen Zweifellosigkeit. [Vgl. *LS* I, 963]

Wenn ich sage "Ich weiß nicht mit Sicherheit, was er wünscht", so heißt das nicht: im Gegensatz zu ihm selbst. Denn, was er wünscht, kann mir ganz klar sein, und es ist deswegen doch nicht *mein* Wunsch.

But now imagine you were to come into a society in which, as we want to say, feelings can be recognized with certainty from appearances (we are *not* using the picture of the inner and the outer). But wouldn't that be similar to coming from a country where many masks are worn into one where no, or fewer, masks are worn? (Thus perhaps from England to Ireland.) Life is just *different* there.

Frequently one will say: I do not *understand* these people. [Cf. *PI* II, xi, p. 223f]

One also says: I don't understand this person's joy and sadness. And what does that mean? Doesn't it mean that as I understand the words he is actually not sad and not happy? And now what does it mean to say: Maybe exactly the same thing is going on within him as within me, only it is expressed differently?

Consider that we not only fail to understand someone else when he hides his feelings, but frequently also when he does not hide them, indeed when he does his utmost to make himself understood.

Under certain circumstances, "The inner is hidden" would be as if one said: "All that you *see* in a multiplication is the outer movement of figures; the multiplication itself is hidden from us."

The uncertainty as to what is going on within someone else does not stand against his own utter lack of doubt. [Cf. *LW* I, 963]

If I say "I don't know for sure what he wants", that does not mean: by contrast with the man himself. For it can be completely clear to me what he wants without this therefore being *my* wish.

N.B.   Ich kann nur erraten, was er im Kopfe rechnet. Wenn es anders wäre, könnte ich dies jemandem mitteilen und die Bestätigung des Rechnenden erhalten. Aber wüßte ich dann von *allen* Rechnenden, was sie rechnen? Wie mache ich mit ihm Verbindung? Nun, es läßt sich hier das eine, oder andere annehmen.

Was weiß ich, wenn ich weiß, daß Einer traurig ist? Oder: Was kann ich mit diesem Wissen anfangen? – Ich weiß etwa, was von ihm zu erwarten ist.

Aber wenn ich nun auch weiß, daß das und das ihn aufheitern wird, so ist *das* eine andre Art des Wissens.

Auch wenn ich jetzt alles hörte, was er zu sich sagt, wüßte ich sowenig, worauf sich seine Worte beziehen, wie wenn ich *einen* Satz aus der Mitte einer Geschichte läse. Auch wenn ich alles wüßte, was in ihm jetzt vorgeht, so wüßte ich doch nicht, auf wen sich z.B. die Namen und Bilder in seinen Gedanken beziehen.

Du kannst doch nicht erwarten, daß ein Mensch durchsichtiger sein soll als z.B. eine geschlossene Kiste.

Aber das bleibt bestehn, daß wir manchmal nicht wissen, ob Einer Schmerzen hat, oder ob er sich nur so stellt.
Und wenn's anders wäre, gäbe es verschiedene Möglichkeiten.

Tennis ohne Ball – lautloses Reden und Ablesen der Mundbewegung. [Vgl. *LS* I, 854–855]

Es ist nicht so, daß wenn immer Einer schreit, er Schmerzen hat; sondern wenn er unter gewissen schwer beschreibbaren Umständen schreit und sich in einer schwer beschreibbaren Weise benimmt, sagen wir, er habe Schmerzen oder habe wahrscheinlich Schmerzen. – Und was *sind* Schmerzen? – Denn ich muß doch dieses Wort erklären

I can only guess what he's calculating in his head. If it were otherwise, I could report it to someone and have it confirmed by the one doing the calculating. But would I then know of *everyone* who calculates what he is calculating? How do I make the connection with him? Well, here one or the other thing can be assumed.

What do I know when I know that someone is sad? Or: what can I do with this knowledge? – For instance, I know what is to be expected from him.
But if I now also know that this or that will cheer him up, then *that* is a different kind of knowing.

Even if I were now to hear everything that he is saying to himself, I would know as little what his words were referring to as if I read *one* sentence in the middle of a story. Even if I knew everything now going on within him, I still wouldn't know, for example, to whom the names and images in his thoughts related.

After all, you can't expect a human to be more transparent than a closed crate, for instance.

But this remains, that sometimes we do not know whether someone is in pain, or is only pretending.
And if it were otherwise, there would be various possibilities.

Tennis without a ball – silent speaking and lip-reading. [Cf. *LW* I, 854–855]

It is not the case that every time someone screams he is in pain; rather, if he screams under certain circumstances which are difficult to describe, and acts in a way that is difficult to describe, then we say he is in pain, or is probably in pain. – And what *are* pains? – For I must be able to explain this word, after all. Well, I might prick him with a needle

können. Nun ich steche ihn etwa mit einer Nadel und sage, *das* sind Schmerzen. Aber so einfach kann es ja nach dem obigen nicht zu erklären sein. Der ganze Begriff 'Schmerzen' wird also verwickelt.

Die Weise, wie wir das Wort gebrauchen lernen, also die Weise, wie es gebraucht wird, ist komplizierter, schwer zu beschreiben. Es wird etwa zuerst unter gewissen Umständen gelehrt, wo kein Zweifel besteht, d.h. wo vom Zweifel nicht die Rede ist.

Die Unsicherheit, die immer besteht, ist nicht die, ob er nicht vielleicht heuchelt (denn er könnte sich ja sogar einbilden, zu heucheln), sondern der komplizierte Zusammenhang des Wortes 'Schmerz haben' mit dem menschlichen Benehmen. Wann so ein Begriff nützlich ist, ist eine andre Frage.

Wie kann ich denn lernen, diese Umstände zu beschreiben? Hat man mich's denn gelehrt? Oder was müßte ich dazu beobachten?

Und ebensowenig kann ich die Umstände beschreiben, in denen man sagt, jemand verstelle sich, heuchle Schmerz.

Ist solche Beschreibung von Interesse? Manches an ihr ist unter gewissen Umständen von Interesse.

Warum kannst du nicht sicher sein, daß sich Einer nicht verstellt? – "Weil man in sein Inneres nicht schauen kann." —— Aber wenn du's könntest, was sähest du dort? —— "Seine geheimen Gedanken." —— Aber wenn er sie nur auf Chinesisch ausspricht, – wohin mußt du dann schauen? —— "Aber ich kann ja nicht sicher sein, daß er sie wahrheitsgemäß ausspricht!" —— Aber wohin mußt du schauen, um herauszufinden, ob er sie wahrheitsgemäß ausspricht?

Auch was im Innern vorgeht hat nur im Fluß des Lebens Bedeutung. [S. *LS* I, 913]

and say *that* is pain. But given what we've said above, it can't be that easy to explain. Thus the whole concept of 'pain' becomes tangled.

The way in which we learn to use the word, and therefore the way in which it is used, is more complicated, difficult to describe. For instance it is first taught under certain circumstances where there is no doubt, i.e. where there is no question of doubt.

The uncertainty that is always there is not about whether he is perhaps pretending (for he could have been imagining that he was pretending), but rather is about the complicated connection of the words 'to be in pain' with human behaviour. When such a concept is useful is another question.

How can I learn to describe these circumstances? Was I taught to do it? Or what would I have to observe to do this?

And just as little can I describe the circumstances in which one says that someone is pretending, feigning pain.

Is such a description of interest? Under certain circumstances a good number of its aspects are of interest.

Why can't you be certain that someone is not pretending? – "Because one cannot look into him." —— But if you could, what would you see there? —— "His secret thoughts." —— But if he only utters them in Chinese, – where do you have to look then? —— "But I cannot be certain that he is uttering them truthfully!" —— But where do you have to look to find out whether he is uttering them truthfully?

What goes on within also has meaning only in the stream of life. [See *LW* I, 913]

N.B.   "Aber für ihn gibt es doch keinen Zweifel darüber, ob er sich verstellt. Wenn ich also in ihn hineinschauen könnte, gäbe es für mich darüber auch keinen."

Wie wäre es damit: Weder ich noch er kann wissen, daß er sich verstellt. Er mag es gestehen und dabei gibt es freilich keinen Irrtum. Ich mag es mit voller Sicherheit und mit guten Gründen annehmen und die Folge mag mir recht geben.

Oder: Ich kann wissen, daß er Schmerzen hat, oder daß er sich verstellt; aber ich weiß es nicht, weil ich 'in ihn hinein schaue'.

Aber wenn nun ein Weg gefunden würde, seine Nerven funktioneren zu sehen, wäre das nicht wirklich ein Mittel zu finden, ob er Schmerzen hat? Nun es könnte ein neues Direktiv unseres Verhaltens sein und auch mehr oder weniger mit den alten Direktiven übereinstimmen.
Und könntest du mehr verlangen, als das Nervensystem funktionieren zu sehen?

Es kann vorkommen, daß ich nicht weiß, ob er sich verstellt, oder nicht. Wenn das der Fall ist, woran liegt es? Könnte man sagen: "Daran, daß ⟨ich⟩ sein Nervensystem nicht arbeiten sehe"?
Muß es aber *an etwas* liegen? Könnte ich nicht einfach wissen, ob er sich verstellt, ohne zu wissen, wie ich's weiß?
Ich hätte ganz einfach 'einen *Blick*' dafür. [c: Vgl. *PU* II, xi, S. 228e]

Ich weiß nicht, was er hinter meinem Rücken sagt —— aber muß er auch etwas hinter meinem Rücken *denken*?

D.h.: Auch was in ihm vorgeht ist ein Spiel, und die

31

"But for him there is no doubt, after all, about whether he is pretending. So if I could look into him, there wouldn't be any for me either."

How about this: Neither I nor he can know that he is pretending. He may confess to it and in that case, to be sure, there is no error. I may assume it with full certainty and good reasons, and what follows may confirm that I was right.

Or: I can know that he is in pain, or that he is pretending; but I do not know it because I 'look into him'.

But if a way of seeing his nerves working were now found, wouldn't that really be a means of finding whether he is in pain? Well, it could give a new direction to the way we behave and could also correspond more or less with the old directions.
And could you ask for more than to see the workings of the nervous system?

It can happen that I don't know whether he is pretending or not. If that is the case, what is the reason? Could one say: "That ⟨I⟩ don't see his nervous system working"?
But does there have to be *a reason*? Couldn't I simply know whether he is pretending without knowing how I know it?
I simply would have 'an *eye*' for it. [c: cf. *PI* II, xi, p. 228e]

I don't know what he is saying behind my back —— but does he also have to *think* something behind my back?

That is: what goes on in him is also a game, and pretence

Verstellung ist in ihm nicht wie ein Gefühl *gegenwärtig*, sondern wie ein Spiel.

Denn auch, wenn er zu sich selbst spricht, (so) haben seine Worte doch nur als Elemente eines Sprachspiels Bedeutung.

Ich kann nicht wissen, ob er sich verstellt, einerseits weil unser Begriff der Verstellung, und also der Sicherheit der Verstellung, der ist, der er ist —— anderseits weil, auch angenommen einen etwas andern Begriff der Verstellung, gewisse Tatsachen sind, wie sie sind.

Denn es ließe sich wohl denken, daß uns Kriterien der Verstellung zugänglich wären, die es tatsächlich nicht sind und daß wir sie, wenn sie uns zugänglich würden, auch wirklich zu Kriterien nähmen.

Was verstecke ich vor ihm, wenn er nicht weiß, was in mir vorgeht?
Wie und inwiefern verstecke ich's?

Physisch versteckt —— logisch versteckt.

Ich sage "Dieser Mensch verbirgt sein Innres". Woher weiß man, daß er es verbirgt? Es gibt dafür also Anzeichen und auch Anzeichen für's Gegenteil.

Es gibt den *unverkennbaren* Ausdruck der Freude und das Gegenteil.

Unter diesen Umständen *weiß* man, daß er Schmerzen hat, oder keine hat; unter jenen ist man unsicher.

Frag dich aber: woran kann man ein Anzeichen für etwas Inneres als untrüglich erkennen? Man kann es doch nur wieder am Äußeren messen. Also kommt es auf den Gegensatz Innen und Außen nicht an.

is not *present* in him like a feeling, but like a game.

For also, if he speaks to himself his words only have meaning as elements of a language-game.

On the one hand I cannot know whether he is pretending because our concept of pretence, and therefore of the certainty of pretence, is what it is —— on the other hand, because, even assuming a somewhat different concept of pretence, certain facts are as they are.

For it is conceivable that we could have access to criteria of pretence which are not in fact accessible, and that if they became accessible to us we would really take them as criteria.

What am I hiding from him when he doesn't know what is going on inside me?

How and in which way am I hiding it?

Physically hidden —— logically hidden.

I say "This man is hiding what is in him". How does one know that he is hiding it? Thus there are signs for it and signs against it.

There is an *unmistakable* expression of joy and its opposite.

Under these circumstances one *knows* that he is in pain, or that he isn't; under those, one is uncertain.

But ask yourself: what allows one to recognize a sign for something within as infallible? All we are left with to measure it against is the outer. Therefore the contrast between the inner and the outer is not an issue.

N.B.   Es *gibt* doch Fälle, wo nur ein Wahnsinniger den Ausdruck der Schmerzen (z.B.) für unecht halten könnte.

"Ich weiß nicht, ob er mich gern oder ungern hat; ja ich weiß nicht einmal, ob er es selbst weiß."

Ist es logisch, oder physisch unmöglich, zu wissen, ob der Andre sich an etwas erinnert?

Ich sage, ich erinnere mich nicht, in Wirklichkeit aber erinnere ich mich. Was ich sagen will, ist, daß es gar nicht drauf ankommt, was '*dabei*' in mir geschieht. Ich *verstecke* also eigentlich gar nichts vor ihm, denn wenn auch etwas in mir vorgeht und er das nie sehen kann, so kann, was da vorgeht, für ihn nicht von Interesse sein.
Heißt das also, daß ich ihn nicht anlüge? Freilich lüge ich ihn an; aber eine Lüge über innere Vorgänge ist von andrer Kategorie als eine über äußere Vorgänge.

Wenn ich ihn anlüge und er errät es an meinem Gesicht und sagt es mir, – habe ich noch immer das Gefühl, daß mein Inneres vor ihm in keiner Weise zugänglich, verborgen sei? Fühle ich nicht vielmehr, daß er mich ganz durchschaut?

Es sind nur besondre Fälle, in denen das Innere mir verborgen ist, und es ist also dann nicht verborgen, weil es das Innere ist.

Denk, wir hätten eine Art Schneckenhaus, und wenn unser Kopf draußen ist, so wäre unser Denken etc. nicht privat, wohl aber, wenn wir ihn einziehen.

Man könnte sich Fälle denken, in denen Einer sein Gesicht abwendet, damit der Andre es nicht lesen kann.

Meine Gedanken sind ihm nicht verborgen, wenn ich sie unwillkürlich ausspreche und er hört es. Doch, denn auch

33

Yet there *are* cases where only a lunatic could take the expression of pain, for instance, as sham.

"I don't know whether he likes or dislikes me; indeed I don't even know whether he knows it himself."

Is it logically or physically impossible to know whether someone else remembers something?

I say that I don't remember, but in reality I do. What I want to say is that it is not at all a matter of what goes on within me *as I speak*. So actually I am not *hiding* anything at all from him, for even if something is going on within me, and he can never see it, then what is going on here cannot interest him.
So does that mean that I am not lying to him? Of course I am lying to him; but a lie about inner processes is of a different category from one about outer processes.

If I lie to him and he guesses it from my face and tells me so – do I still have the feeling that what is in me is in no way accessible to him and hidden? Don't I feel rather that he sees right through me?

It is only in particular cases that the inner is hidden from me, and in those cases it is not hidden because it is the inner.

Suppose that we had a kind of snail shell, and that when our head was outside then our thinking, etc., was not private, but it was when we pulled it in.

One might think of cases in which someone turns his face away so that the other cannot read it.

My thoughts are not hidden from him if I utter them involuntarily and he hears this. Oh yes they are, because

dann weiß *er* nicht, ob ich wirklich meine, was ich sage, und ich weiß es. Ist das richtig?

Aber worin besteht nun das, daß ich weiß, ob ich's meine? Vor allem: Kann er's nicht auch wissen?

Wie wäre es denn, wenn mein ehrliches Geständnis unzuverlässiger wäre als das Urteil des Andern?

Oder auch: Was ist das für eine Tatsache: daß es *nicht* so ist?

Wenn sich auf mein Geständnis meines Motivs nicht die Konsequenzen bauen ließen, die man im allgemeinen drauf bauen kann, dann gäbe es das ganze Sprachspiel nicht.

Ein Relativitätsproblem.

Ich kann im allgemeinen ein klareres zusammenhängenderes Bild von meinem Leben entwerfen als der Andre.

Man könnte die Frage so stellen: Warum zielt man bei einem Verbrechen z.B. im allgemeinen auf ein *Geständnis* ab. Heißt dies nicht, daß das Geständnis verläßlicher ist als jeder andre Bericht?

Es muß also hier eine allgemeine Tatsache zu Grunde liegen (ähnlich etwa wie die, daß ich die Bewegungen des eignen Körpers vorhersagen kann).

Es muß etwa so sein, daß ich im allgemeinen von meinen Handlungen einen kohärenteren Bericht geben kann als der Andre. In diesem Bericht spielt das Innere die Rolle der Theorie oder Konstruktion, die das übrige zu einem verständlichen Ganzen ergänzt.

Oder doch: Es gibt für meine Zuverlässigkeit andre Kriterien.

Meine Gedanken sind ihm nicht verborgen, sondern nur

even in that case *he* doesn't know whether I really mean what I say, and I do know it. Is that correct?

But in what does that consist that I know whether I mean it? And above all: Can't he know it too?

And what if my honest confession were less reliable than someone else's judgement?

Or: What kind of a fact is it: that it is *not* so?

If the consequences that can generally be based on the confession of my motive could not be based on it, that would mean that this whole language-game didn't exist.

A problem of relativity.

In general I can sketch a clearer more coherent picture of my life than someone else.

The question could also be put this way: Why does one in general aim toward a *confession* in the case of a crime, for instance. Does this not mean that a confession is more reliable than any other report?

Therefore at bottom there must be a general fact here (similar for instance to the one that I can predict the movements of my own body).

Roughly, it must be the case that in general I can give a more coherent report about my actions than someone else. In this report the inner plays the role of theory or construction, which complements the rest of it to form a comprehensible whole.

All the same: There are other criteria for my reliability.

My thoughts are not hidden from him, but are just open

auf eine andre *Weise* offenbar, als sie's mir sind.

Das Sprachspiel ist eben wie es ist.

Wenn man von *logischem* Verstecktsein spricht, so ist das eine schlechte Interpretation.

"Ich weiß, was ich meine." Was heißt das? Etwa, daß ich nicht bloß so daher geredet habe, daß ich erklären kann, was ich meine und dergl. Aber wäre es richtig, es von meiner gewöhnlichen Rede zu sagen? Oder weiß es der Andre nicht ebensogut.

"Ich weiß, ob ich lüge oder nicht."
Die Frage ist, wie wird die lügenhafte Äußerung zu etwas Wichtigem.[1]

Betrachte die Verstellung nicht als ein peinliches Anhängsel, als eine Störung des Musters.

Man kann sagen "Er versteckt seine Gefühle". Das heißt aber, daß sie nicht a priori immer versteckt sind. Oder auch: Es gibt zwei Aussagen, die einander widersprechen: Die eine ist, daß die Gefühle wesentlich versteckt sind; die andre, daß jemand seine Gefühle vor mir versteckt.

Kann ich nie wissen, was er fühlt, dann kann er sich auch nicht verstellen.

Denn Verstellen muß doch heißen, den Andern dazu

---

[1] An dieser Stelle des Manuskripts steht die folgende Zeichnung:

Wie diese Zeichnung mit dem Text zusammenhängt, ist uns nicht klar. Am Rande der Seite befindet sich auch eine Zeichnung eines menschlichen Gesichts.

to him in a different *way* than they are to me.

The language-game simply is the way it is.

If one speaks of being *logically* hidden, then that is a bad interpretation.

"I know what I mean." What does that mean? For instance, that I didn't simply speak to hear myself talk, that I can explain what I mean and the like. But would it be correct to say it about my everyday speech? Or doesn't someone else know it just as well.

"I know whether I am lying or not."
The question is, how does the mendacious utterance turn into something important?[1]

Do not look at pretending as an embarrassing appendage, as a disruption of the pattern.

One can say "He is hiding his feelings". But that means that it is not a priori they are always hidden. Or: There are two statements contradicting one another: one is that feelings are essentially hidden; the other, that someone is hiding his feelings from me.

If I can never know what he is feeling, then neither can he pretend.

For pretending must mean, after all, getting someone else

[1] At this point in the manuscript there is the following drawing:

How this drawing is connected with the text is not clear to us. In the margin of the page there is also a drawing of a human face.

bringen, daß er mein Gefühl *falsch rät*. Wenn er es nun aber richtig errät und der Richtigkeit sicher ist, so weiß er es. Denn ich kann ihn eben auch dazu bringen, daß er meine Gefühle *richtig* errät und über sie nicht im Zweifel ist.

Das Innere ist uns verborgen, heißt, es ist uns verborgen in einem Sinne, in dem es *ihm* nicht verborgen ist. Und dem Besitzer ist es nicht verborgen in dem Sinne, daß *er es äußert* und wir der Äußerung unter gewissen Bedingungen Glauben schenken und es da den Irrtum nicht gibt. Und diese Asymmetrie des Spiels bringt man mit dem Satz, das Innere sei dem Andern verborgen, zum Ausdruck.

Es gibt offenbar einen Zug des *Sprachspiels*, der die Idee von privat – oder verstecktsein nahelegt – und es gibt auch etwas, was man das Verstecken des Innern nennen kann.

Sähe man das Arbeiten der Nerven, so würden uns die Äußerungen wenig bedeuten und Verstellung wäre anders.

Oder soll ich sagen, das Innere sei nicht versteckt, sondern versteck*bar*? Er *kann* es in sich verstecken. Aber das ist wieder falsch.

"Er schreit, wenn er Schmerzen hat, nicht ich." Ist das ein Erfahrungssatz?

"Ich heuchle Schmerzen" steht nicht auf einer Stufe mit "Ich habe Schmerzen". Es ist ja nicht die Äußerung des Heuchelns.

"Wann sagt man, Einer habe Schmerzen?" Das ist eine sinnvolle Frage, und die Art der Antwort ist klar. ——— "Wann sagt man, Einer heuchle Schmerzen?" Das muß doch auch eine sinnvolle Frage sein.

Kann man sich denn denken, die Schmerzzeichen und

to *make a wrong guess* as to what I feel. But if he now guesses right and is certain of being right, then he knows it. For of course I can also get him to guess *right* about my feelings and not be in doubt about them.

The inner is hidden from us means that it is hidden from us in a sense in which it is not hidden from *him*. And it is not hidden from the owner in this sense: *he utters it* and we believe the utterance under certain conditions and there is no such thing as his making a mistake here. And this asymmetry of the game is brought out by saying that the inner is hidden from someone else.

Evidently there is an aspect of the *language-game* which suggests the idea of being private or hidden – and there is also such a thing as hiding of the inner.

If one were to see the working of the nerves, utterances would mean little to us and pretending would be different.

Or should I say that the inner is not hidden, but rather hide-*able*? He *can* hide it within himself. But that's wrong again.

"He screams when he is in pain, not I." Is that an empirical sentence?

"I am feigning pain" doesn't stand on the same level as "I am in pain". After all, it is not an utterance of feigning.

"When does one say that someone is in pain?" That is a sensible question, and has a clear kind of answer. ——
"When does one say that someone is feigning pain?" After all that must be a sensible question too.

Can one imagine the signs and the occasions of pain being

Schmerzanlässe seien ganz anders als sie sind? Sie seien etwa die der Freude? —— Also bestimmen die Schmerzzeichen und das Schmerzbenehmen den Begriff 'Schmerz'. Und sie bestimmen auch den Begriff 'Schmerzen heucheln'.

Könnte man sich eine Welt denken, in der es Heucheln nicht geben könnte?

Wenn man 'traurig ist, weil man weint', warum hat man dann nicht auch Schmerzen, weil man schreit?

Man muß die Begriffe 'Schmerzen haben' und 'Schmerzen heucheln' in der *dritten und ersten* Person betrachten. Oder auch: der Infinitiv hat alle Personen und Zeiten hinter sich. Nur das Ganze ist das Instrument, der Begriff.

Aber wozu dann dies komplizierte Ding? Nun, unser Betragen ist doch verdammt kompliziert.

Und wie ist es mit dem privat, oder versteckt sein des Gefühls?

Eine Gesellschaft, in der die herrschende Klasse eine Sprache spricht, die die dienende Klasse nicht lernen kann. Die obere Klasse legt Wert darauf, daß die untere nie erraten soll, was jene fühlen. Sie werden dadurch unberechenbar, geheimnisvoll.

Was für eine Art Verstecken ist das Sprechen einer dem Andern unverständlichen Sprache? [Vgl. *PU* II, xi, S. 222d]

Ist das wenn-Gefühl (z.B.) die Bereitschaft, eine bestimmte Geste zu machen. Und besteht darin die Verwandtschaft mit Gefühlen? [Vgl. *PU* II, vi, S. 181e–182a–f]

Das Wort "wenn", mit diesem Ausdruck gesprochen, deuten wir als den Ausdruck eines Gefühls. [Vgl. *LS* I, 373–376]

something utterly other than what they actually are? Say their being signs, etc., of joy? —— So the signs of pain and pain-behaviour determine the concept 'pain'. And they also determine the concept 'feigning pain'.

Could one imagine a world in which there could be no pretence?

If one 'is sad because one cries', why then isn't one also in pain because one screams?

One has to look at the concepts 'to be in pain' and 'to simulate pain' in the *third and first* person. Or: the infinitive covers all persons and tenses. Only the whole is the instrument, the concept.

But what then is the point of this complicated thing? Well, our behaviour is damned complicated, after all.

And how is it with feelings' being private or hidden?

A society in which the ruling class speaks a language which the serving class cannot learn. The upper class places great importance on the lower one never guessing what they feel. In this way they become unfathomable, mysterious.

What kind of hiding is the speaking of a language that the other cannot understand? [Cf. *PI* II, xi, p. 222d]

Is the if-feeling (for instance) the readiness to make a certain gesture. And does its being related to feelings consist in that? [Cf. *PI* II, vi, p. 181e–182a–f]

We interpret the word "if", spoken with this expression, as the expression of a feeling. [Cf. *LW* I, 373–376]

N.B.   Die Verwendung (des Wortes) scheint zum Wort zu passen.

Frage: ist das wenn-Gefühl das gleiche, wie das if-Gefühl? Wenn man die Frage entscheiden will, spricht man sich die Wörter mit charakteristischer Intonation aus.

Statt "Einstellung zur Seele" könnte man auch sagen: "Einstellung zum Menschen." [S. *PU* II, iv, S. 178d]

Ich könnte von einem Menschen ja immer sagen, er sei ein Automat (das könnte ich so in der Schule beim Physiologieunterricht lernen) und es würde doch meine Einstellung zum Andern nicht beeinflussen. Ich kann es ja eben auch von mir selber sagen.

Was aber ist der Unterschied zwischen einer Einstellung und einer Meinung?
Ich möchte sagen: Die Einstellung kommt *vor* der Meinung.
(Ist aber nicht der Glaube an Gott eben eine Einstellung?)
[a, b: Vgl. *PU* II, iv, S. 178d]

Wie wäre dies: Nur der *glaubt* es, der es als Mitteilung aussprechen kann.

Eine Meinung kann sich irren. Aber wie sähe hier ein Irrtum aus?

Ist das wenn-Gefühl das Korrelat eines Ausdrucks? – Nicht *allein*. Es ist das Korrelat der Bedeutung und des Ausdrucks.[1]

Die Atmosphäre des Wortes ist seine Verwendung. Oder:

[1] Var.: "einer Verwendung und eines Ausdrucks."

The use (of the word) seems to fit the word.

Question: is the *wenn*-feeling the same as the if-feeling? If one wants to decide this question one enunciates the words to himself with their characteristic intonation.

Instead of "attitude toward the soul" one could also say "attitude toward a human". [See *PI* II, iv, p. 178d]

I could always say of a human that he is an automaton (I could learn it this way in school in physiology) and yet it would not influence my attitude toward someone else. After all, I can also say it about myself.

But what is the difference between an attitude and an opinion?
I would like to say: the attitude comes *before* the opinion.
(*Isn't* belief in God an attitude?) [a, b: cf. *PI* II, iv, p. 178d]

How would this be: only one who can utter it as information *believes* it.

An opinion can be wrong. But what would an error look like here?

Is the if-feeling the correlate of an expression? – Not *solely*. It is the correlate of meaning and of the expression.[1]

The atmosphere of a word is its use. Or: We imagine its

[1] Var.: "of a use and an expression".

Wir stellen uns seine Verwendung als Atmosphäre vor. [Vgl. *PU* II, vi, S. 182d]

Die 'Atmosphäre' des Wortes ist ein Bild seiner Verwendung.

Wir betrachten das Wort in einer bestimmten Umgebung, in bestimmtem Tonfall gesprochen, als Gefühlsausdruck.

Die Stelle hat einen *starken* Ausdruck. Sie ist ungeheuer ausdrucksvoll. Ich wiederhole sie mir immer wieder und wieder, mache eine besondre Gebärde, paraphrasiere sie. —— Aber ein Gefühl? Wo ist es? Beinahe möchte ich sagen: im Magen. Und doch ist sofort klar, daß kein (solches) Gefühl die Stelle ausschöpft. Die Stelle ist eine Gebärde. Oder sie ist mit unsrer Sprache verwandt. Man könnte sich auch eine Zeichnung denken, die in gleicher Weise eindrucksvoll wäre.

Das wenn-Gefühl: Ließe sich ein Gedicht vorstellen, in dem wir dies Gefühl besonders stark erhielten?
('Sabel'-Gefühl.)

Nur ich kann meine Gedanken, Gefühle etc. äußern.
Die Äußerungen meiner Gefühle können unecht sein. Insbesondere können sie verstellt sein. Das ist ein andres Sprachspiel als das primitive, der echten Äußerungen.[1]

Ist daran etwas verwunderlich?

Ist an der Möglichkeit des primitiven und des komplizierteren Sprachspieles etwas verwunderlich?

"Das Kind weiß noch zu wenig, um sich zu verstellen." Ist das richtig?

[1] Im MS kommen Zeichnungen vor, die aber wahrscheinlich mit dieser Bemerkung nicht zusammenhängen.

use as its atmosphere. [Cf. *PI* II, vi, p. 182d]

The 'atmosphere' of a word is a picture of its use.

We look at a word in a certain environment, spoken with a certain intonation, as an expression of feeling.

This passage has a *strong* expression. It is immensely expressive. I repeat it to myself again and again, make a special gesture, paraphrase it. —— But a feeling? Where is it? I'd almost like to say: in the stomach. And yet it is immediately clear that no (such) feeling exhausts the passage. The passage is a gesture. Or it is related to our language. One could also imagine a drawing that would be impressive in the same way.

The if-feeling: Could we imagine a poem in which we would sense this feeling especially strongly?
('Sabre'-feeling)

Only I can utter my thoughts, feelings, etc.
The utterances of my feelings can be sham. In particular they can be feigned. That is a different language-game from the primitive one, the one of genuine utterances.[1]

Is there anything astonishing in this?

Is there anything astonishing about the possibility of a primitive and a more complicated language-game?

"The child doesn't know enough yet to pretend." Is that right?

[1] In the manuscript there are drawings that are probably not connected with this remark.

Die Frage ist doch: Wann würden wir von einem Kind (z.B.) sagen, es verstelle sich? Was muß es alles können, damit wir das sagen?

Erst in einem verhältnismäßig komplizierten Lebensmuster reden wir von Verstellung. [Vgl. *PU* II, xi, S. 229b; *LS* I, 939–940, 946]

Oder auch: Erst in einem verhältnismäßig komplizierten Lebensmuster nennen wir Gewisses mögliche Verstellung. [Vgl. *LS* I, 946]

Dies ist natürlich eine nicht gewöhnliche Betrachtungsweise.

Es ist gleichsam eine rein geometrische Betrachtungsweise. Eine, in die Ursache und Wirkung nicht eintritt.

Man könnte doch fragen "Wie schaut eine Schlacht (z.B.) aus?" Welches Bild bietet sie dar? Wobei es uns gleichgültig ist, ob der Säbel den Schädel spaltet und ob der Mensch hinfällt, weil ihm der Schädel gespalten wurde.

Zu sagen "Er weiß, was er denkt" ist Unsinn, "Ich weiß, was er denkt" mag wahr sein. [Vgl. *PU* II, xi, S. 222b]

Wenn Menschen wirklich, wie ich annahm, das Nervensystem des Andern funktionieren sehen könnten und danach ihr Verhalten zum Andern einrichteten, so hätten sie, glaube ich, gar nicht unsern Schmerzbegriff (z.B.), obgleich vielleicht einen verwandten. Ihr Leben *sähe eben ganz anders aus* als das *unsre*.

D.h. ich betrachte dieses Sprachspiel als autonom. Ich will es nur beschreiben, oder betrachten, nicht rechtfertigen.

Ich sage nicht, die Evidenz mache das Innere *nur* wahr-

The question is: When would we say of a child, for instance, that it is pretending? What all must it be able to do for us to say that?

Only when there is a relatively complicated pattern of life do we speak of pretence. [Cf. *PI* II, xi, p. 229b; *LW* I, 939–940, 946]

Or to put it another way: Only when there is a relatively complicated pattern of life do we speak of certain things as possibly being feigned. [Cf. *LW* I, 946]

Of course this is not a common way of looking at things.

It is a purely geometric way of looking at things, as it were. One into which cause and effect do not enter.

One could ask, "What does a battle (for instance) look like?" What picture does it present? Here it doesn't matter to us whether a sword splits a skull and whether someone falls down because his skull was split.

To say "He knows what he is thinking" is nonsense; "I know what he is thinking" may be true. [Cf. *PI* II, xi, p. 222b]

If as I was assuming people really could see someone else's nervous system working, and adjust their behaviour toward him accordingly, then, I believe, they wouldn't have our concept of pain (for instance) at all, although maybe a related one. Their life *would simply look quite different from ours.*

That is, I look at this language-game as autonomous. I merely want to describe it, or look at it, not justify it.

I do not say that evidence makes the inner *merely* probable.

scheinlich. Denn mir geht an dem Sprachspiel nichts ab.
[Über die "Evidenz" vgl. *PU* II, xi, S. 228b–d]

Daß die Evidenz das Innere nur wahrscheinlich macht,
besteht darin, daß[1]

"Aber ich muß doch mit Recht, oder mit Unrecht sagen
können, jemand habe Schmerzen, oder verstelle sich!" –
Recht und Unrecht gibt es nur soweit die Evidenz reicht.

Aber ich kann mir doch auf jeden Fall *denken*, daß ich
Recht, oder Unrecht, habe; – ob nun die Evidenz zureichend
ist oder nicht! Was nützt es mir, daß ich's denken kann? –
Mehr, als daß ich's *sagen* kann! —— Mir mag freilich ein
Bild vorschweben, aber wie weiß ich, daß, und wie, es sich
brauchen läßt?

Mir müßte also das Bild und sein Gebrauch vorschweben.

Zuerst könnte man sagen, daß es unsre Bestimmung sei,
ob wir etwas als sicheres Kriterium von Schmerzen (z.B.)
ansehen, ob wir alles dies überhaupt als Kriterium für etwas
ansehen. Aber dann müssen wir sagen, daß das Ganze *nicht*
unsre Bestimmung ist, sondern ein Teil des *Lebens*.

Kann ein Idiot zu primitiv sein, um sich zu verstellen? Er
könnte sich auf tierische Art verstellen. Und das zeigt, daß
es von da an Stufen der Verstellung gibt.

Es gibt sehr einfache Formen der Verstellung.
Es ist also vielleicht unwahr, zu sagen, ein Kind müsse
viel lernen, ehe es sich verstellen kann. Es muß dazu freilich
heranwachsen, sich entwickeln. [Vgl. *LS* I, 868, 939]

Ein Tier kann nicht auf ein Ding zeigen, das es interessiert.

---

[1] Der Satz ist unvollständig und die ganze übrige Seite des MS leer.

For as far as I'm concerned nothing is lacking in the language-game. [Concerning "evidence", cf. *PI* II, xi, p. 228b–d]

That the evidence makes the inner only probable consists in[1]

"But after all I must be able to say, whether it's right or wrong, that someone is in pain, or again that they are pretending!" – Right and wrong exist only to the extent of the evidence.

But in any case I can *think* that I am right or wrong; – whether the evidence is sufficient or not! What good does it do me that I can think it? – More than that I can *say* it! —— To be sure an image may be in my mind, but how do I know that, and how, it can be used?

The image and its use would therefore have to be in my mind.

At first it could be said that it is our determination whether we see something as a definite criterion of pain (for instance), whether we see all of this as a criterion of anything at all. But then we have to say that the whole thing is *not* our determination, but is rather a part of *life*.

Can an idiot be too primitive to pretend? He could pretend the way an animal does. And this shows that from here on there are levels of pretence.

There are very simple forms of pretence.
Therefore it is possibly untrue to say that a child has to learn a lot before it can pretend. To do this it must grow, develop, to be sure. [Cf. *LW* I, 868, 939]

An animal cannot point to a thing that interests it.

[1] The sentence is incomplete, and the entire remaining page of the manuscript is empty.

N.B.   Von Verstellung wird man nur sprechen, wenn verschiedene Fälle und Grade der Verstellung vorliegen.

Es muß eine große Mannigfaltigkeit von Reaktionen vorhanden sein.

Ein Kind muß sich weit entwickelt haben, ehe es sich verstellen kann, viel gelernt haben, ehe es heucheln kann.

D.h.: Heucheln ist nicht eine Erfahrung.

Die Möglichkeit der Verstellung scheint eine Schwierigkeit zu erzeugen. Denn sie scheint die äußere Evidenz wertlos zu machen, d.h. die Evidenz zu anullieren.

Man will sagen: Entweder hat er Schmerzen, oder er erlebt das Heucheln. Alles Äußere kann dies und jenes ausdrücken.

Vor allem hat die Verstellung ihre eigenen äußeren Zeichen. Wie könnten wir sonst überhaupt über Verstellung reden?

Wir reden also über Muster im Lebensteppich.

Willst du also sagen, daß es das L.M.[1] des echten und des geheuchelten Schmerzes nicht gibt?
Aber kann ich sie beschreiben?

Denk dir, es handelte sich wirklich um Muster auf einem langen Band.
Das Band zieht an mir vorbei und ich sage einmal "dies ist das Muster S", einmal "das ist das Muster V". Manchmal weiß ich für einige Zeit nicht, welches es ist; manchmal sage ich am Ende "Es war keins von beiden".
Wie könnte man mich lehren, diese Muster zu erkennen?

[1] Lebensmuster.

42

One will only speak of pretence if there are different cases and degrees of pretence.

A great variety of reactions must be present.

A child must have developed far before it can pretend, must have learned a lot before it can simulate.

That is: simulating is not an experience.

The possibility of pretence seems to create a difficulty. For it seems to devalue the outer evidence, i.e. to annul the evidence.

One wants to say: Either he is in pain, or he is experiencing feigning. Everything on the outside can express either one.

Above all pretence has its own outward signs. How could we otherwise talk about pretence at all?

So we are talking about patterns in the weave of life.

So do you want to say that the l.p.[1] of genuine and feigned pain do not exist?
But can I describe them?

Imagine it were really a case of patterns on a long ribbon. The ribbon moves past me and now I say "This is the pattern S", now "This is the pattern V". Sometimes for a period of time I do not know which it is; sometimes I say at the end "It was neither".
How could I be taught to recognize these patterns? I am shown simple examples, and then complicated ones of both

[1] Life patterns.

42e

Man zeigt mir einfache Beispiele, dann auch komplizierte von beiden Arten. Es ist beinahe, wie ich den Stil zweier Komponisten unterscheiden lerne.

Warum zieht man aber bei den Mustern diese *schwerfaßliche* Grenze? Weil sie in unserm Leben von Wichtigkeit ist.

Die Hauptschwierigkeit entsteht dadurch, daß man sich das Erlebnis (den Schmerz z.B.) als ein Ding vorstellt, für welches wir natürlich einen Namen haben und dessen Begriff also ganz leicht faßlich ist.

Wir wollen also immer sagen: Was "Schmerz" bedeutet, wissen wir (nämlich *dies*) und so liegt also die Schwierigkeit nur darin, daß man eben dies im Andern nicht mit Sicherheit feststellen kann. Daß hier der *Begriff* 'Schmerz' erst untersucht wird, sehen wir nicht. Das gleiche gilt von der Verstellung.

Warum bilden wir keinen einfachern Begriff? – Weil er uns nicht interessieren würde. – Aber was heißt das? Ist es die richtige Antwort?

Soll ich sagen: Unsre Begriffe werden von unserm Interesse, also von unsrer Lebensweise[1], bestimmt?

Wir lernen als Kinder zugleich die Begriffe und was man mit ihnen macht.

Es kommt vor, daß wir später einen neuen und für uns zweckmäßigern Begriff einführen. – Das wird aber nur in sehr bestimmten und kleinen Gebieten vorkommen und es setzt voraus, daß die meisten Begriffe unverändert bleiben.

Könnte ein Gesetzgeber den Schmerzbegriff abschaffen? Die Grundbegriffe sind so eng mit dem Fundamentalsten

---

[1] Var.: "unserm Willen".

kinds. It is almost the way I learn to distinguish the styles of two composers.

But why in the case of the patterns does one make this distinction *that is so difficult to grasp*? Because it is of importance in our life.

The main difficulty arises from our imagining the experience (the pain, for instance) as a thing, for which of course we have a name and whose concept is therefore quite easy to grasp.

So we always want to say: We know what "pain" means (namely *this*), and so the difficulty only consists in simply not being able to determine this in someone else with certainty. What we don't see is that the *concept* 'pain' is only beginning to be investigated. The same is true of pretence.

Why don't we form a simpler concept? – Because it wouldn't interest us. – But what does that mean? Is it the correct answer?

Should I say: Our concepts are determined by our interest, and therefore by our way of living[1]?

As children we learn concepts and what one does with them simultaneously.

Sometimes it happens that we later introduce a new concept that is more practical for us. – But that will only happen in very definite and small areas, and it presupposes that most concepts remain unaltered.

Could a legislator abolish the concept of pain?
The basic concepts are interwoven so closely with what

---

[1] Var.: "our will".

in unsrer Lebensweise verflochten, daß sie darum unangreifbar sind.

In allen meinen Aussagen setze ich voraus, daß dort ein Haus steht. Oder vielmehr: es ist in ihnen dies vorausgesetzt. Also etwa: A ist in *diesem* Haus = Es steht dort ein Haus und A ist darin.

Ist es richtig zu sagen, daß der Befehl "Geh in's Haus!" voraussetzt, daß dort ein Haus steht und daß der Befehlende es weiß?

Wer sagen würde "Geh in dieses Haus", wenn kein Haus dort ist, von dem würden wir sagen: "Er glaubt, daß dort ein Haus ist". Aber ist dies weniger richtig, wenn wirklich eins dort ist?

Aus einem praktischen Satz kann kein Philosophem folgen. Moores Satz war ein unbestimmt gelassener praktischer.

Können wir uns denken, daß andre Menschen andere Farbbegriffe haben? —— Die Frage ist: sollen wir andere Begriffe Farbbegriffe nennen?

Glaubt der Hund, sein Herr sei vor der Tür, oder *weiß* er es?

Schlechter Einfluß der Aristotelischen Logik. Die Logik der Sprache ist unendlich viel komplizierter, als sie aussieht. [Vgl. *LS* I, 525]

Die Beispiele, die Philosophen in der 1. Person geben, sind in der 3. zu untersuchen.

Denk dir die Situation, in der wir Einen fragen können: "Glaubst du das, oder weißt du's?"

is most fundamental in our way of living that they are therefore unassailable.

Everything I say presupposes that there is a house over there. Or rather: this is presupposed in them. So for instance: A is in *this* house = There is a house over there and A is in it.

Is it correct to say that the order "Go into the house!" presupposes that there is a house there and that the person giving the order knows it?

If someone were to say "Go into this house" when there is no house there, we would say of him: "He believes that there is a house there". But is this less right when there actually is one there?

From a practical sentence no philosophical one can follow. Moore's sentence was a practical one left indeterminate.

Can we imagine that other people have other colour concepts? —— The question is: should we call other concepts colour concepts?

Does the dog believe that his master is in front of the door, or does he *know* it?

Bad influence of Aristotelian logic. The logic of language is immeasurably more complicated than it looks. [Cf. *LW* I, 525]

The examples which philosophers give in the first person should be investigated in the third.

Imagine the situation in which we ask someone: "Do you believe that, or do you know it?"

N.B.   In welchen Fällen sagt man "Er weiß es", in welchen "Er *weiß* es nicht"?

Überleg dir die Frage: "Weiß er, daß das ein Buch ist?" Und insbesondre den Gebrauch des Wortes "das".

"Ich sehe es genau und weiß, daß *es* ein Buch ist."

"Ich weiß, daß das ein Baum ist." —— "Daß *was* ein Baum ist?"

"Ich weiß nicht, ob es ein Baum ist, aber ich weiß, daß es ein Körper ist."

Du sagst "Das ist ein Baum" und auch daß du mit "Das" das Gesichtsbild meinst. Das erlaubt eine Substitution im ersten Satz.

Wenn man sagt "Ich weiß, daß diesem Eindruck ein Körper entspricht", so bezieht man sich auf eine Bestätigung durch andere Eindrücke.
Wenn man nun so eine Bestätigung nicht anerkennt, — ändert man das Sprachspiel.

"Ich weiß."
"Ich bin sicher."
Wir sagen z.B. "Ich weiß, daß es so ist", wenn uns jemand ein wohlbekanntes Faktum mitteilt. Wir sagen in diesem Falle nicht "Ich bin sicher, daß es so ist". ("Ich weiß, daß das der Schneeberg ist.") Antwortete ich "Ich bin sicher, daß es der Schneeberg ist", so würde man sagen "Es unterliegt gar keinem Zweifel!".

Denk, man erklärte "Ich weiß es" als: Ich habe es gelernt und es unterliegt keinem Zweifel.

Denke, es zweifelte Einer daran, daß ein Baum "Baum" heißt.

45

In what cases does one say "He knows it", and in which
ones "He doesn't *know* it"?

Consider the question: "Does he know that is a book?"
And particularly the use of the word "that".

"I see it exactly and know that *it* is a book."

"I know that that is a tree." —— "That *what* is a tree?"

"I don't know whether it is a tree, but I do know that it
is a physical object."

You say "That is a tree" and also that by "that" you mean
the visual image. That allows a substitution in the first
sentence.

If one says, "I know that a physical object corresponds to
this impression", then one is referring to a confirmation
through other impressions.
Now if one doesn't acknowledge this kind of a confirmation – one is changing the language-game.

"I know."
"I am certain."
We say, for instance, "I know that it is so" if someone
reports a well-known fact to us. In this case we do not
say "I am certain that it is so". ("I know that that is the
Schneeberg.") Were I to answer "I am certain that it is the
Schneeberg", then one would say "It isn't subject to any
doubt at all!"

Imagine that one were to explain "I know it" as: I learned
it and it isn't subject to doubt.

Imagine someone were to doubt that a tree is called "tree".

"Ich weiß, daß das die Erde ist" – wobei ich mit dem Fuß auf die Erde stampfe.

Zweifeln. Was ist das für ein Spiel, in dem man fragt: "Wie sicher ist für dich dieser Satz?" [Vgl. *Über Gewißheit*, 387]

Wäre es richtig zu sagen: "Ich setze mich nieder, weil ich weiß, daß dies ein Sessel ist; ich greife nach etwas, weil ich weiß, daß das ein Buch ist; etc. etc." Was ist damit gewonnen? Ich sage damit, daß alle diese Zweifel für mich nicht existieren. Ferner, daß sie nicht darum nicht existieren.

Zweifel über all dies erhebt sich nicht. Aber das ist nicht genug. In einer gewissen Klasse von Fällen wissen wir nicht, was der Zweifel für Folgen hätte, wie er zu beseitigen wäre, also, welchen Sinn er hat.

Worin besteht denn dieser Glaube, daß unsre Begriffe die einzig vernünftigen sind? Darin, daß wir uns nicht vorstellen, daß andern Menschen an ganz anderem *liegt* und daß unsre Begriffe mit dem zusammenhängen, was uns interessiert, worauf's uns ankommt. Ferner aber hängt unser Interesse mit besondern Fakten in der Außenwelt zusammen.

Müssen wir aber immer den Grund für eine Begriffsbildung angeben können?

"Das wäre gar kein Lächeln."

Warum soll zum Lächeln nicht eine *Bewegung* gehören?

"Das Lächeln hat etwas Maschinelles." "Es ist eigentlich kein richtiges Lächeln."
"Rochieren" nennt man etwas nur im Schachspiel.

"Warum haben wir einen Begriff 'sich verstellen'?" –

46

"I know that this is the earth" – saying which I stamp my foot on the ground.

Doubting. What kind of a game is this in which one asks: "How certain is this sentence for you?" [Cf. *OC*, 387]

Would it be correct to say: "I sit down because I know that this is a chair; I reach for something because I know that that is a book; etc. etc." What is gained by this? I am using it to say that all these doubts do not exist for me. Further, that doesn't mean that they don't exist at all.

No doubt arises about all of this. But that is not enough. In a certain class of cases we don't know what consequences doubt would have, how it could be removed, and, therefore, what meaning it has.

What then does this belief that our concepts are the only reasonable ones consist in? That it doesn't occur to us that others are *concerned* with completely different things, and that our concepts are connected with what interests us, with what matters to us. But in addition, our interest is connected with particular facts in the outer world.

But do we always have to be able to give the reason for the formation of a concept?

"That wouldn't be a smile at all."

Why should a *movement* not belong to a smile?

"There's something mechanical about that smile." "Actually it is not a real smile at all."
Only in a chess game does one call something "castling".

"Why do we have a concept 'to pretend'?" – "Well,

"Nun, weil die Menschen sich oft verstellen." – Ist das die richtige Antwort? [Vgl. *LS* I, 255, 261]

Wie wäre es, wenn jemand antwortete: "Weil wir mit diesem Begriff das tun können, was wir tun wollen"?
Ist es nicht, als fragte man: "Warum haben wir den Begriff der irrationalen Zahlen?" Wie könnte man das beantworten?

Wir anerkennen die Aussage des wahrhaftigen Menschen über das, was er gerade gedacht hat, sowie über das, was er geträumt hat.

Auch wenn wir die Gedanken eines Menschen *oft* erraten könnten und sagten, wir wissen sie, so könnte das Kriterium dafür nur sein, daß er selbst unser Raten bestätigte. Es sei denn, daß wir den Begriff des Gedankens ganz ändern. [Vgl. *PU* II, xi, S. 222e]

Wir malen ein gelbes, grünes, blaues, rotes klar durchsichtiges Glas mit verschiedenen Hintergründen, so daß uns deutlich wird, worin der Augenschein der färbigen Klarheit besteht. Und nun wollen wir nach Analogie jener Fälle das Bild eines weißen klar durchsichtigen Glases malen.

Wir können uns hier physikalisch ausdrücken, obwohl uns das Physikalische nicht interessiert. Es ist ein gutes Bild dessen, was wir beschreiben wollen. – Ein klares gelbes Glas reflektiert kein gelbes Licht in's Auge, also scheint uns das Gelb nicht im Glas lokalisiert. Mattes Schwarz durch gelbes Glas gesehen ist Schwarz, Weiß ist Gelb. Also muß, nach Analogie, Schwarz durch klares Weiß schwarz erscheinen, Weiß weiß, also ganz so wie durch ein farbloses Glas. – Soll nun Rot weißlich erscheinen? also rosa? Aber wie wird dann ein dunkles Rot, das sich gegen das Schwarze zuneigt, erscheinen? Es sollte ein schwärzliches Rosa, also ein Graurot werden, aber dann dürfte Schwarz nicht schwarz bleiben.

because humans often pretend." – Is that the right answer? [Cf. *LW* I, 255, 261]

What if someone were to answer: "Because with this concept we can do those things we want to do"?

Isn't it as if one were to ask: "Why do we have the concept of irrational numbers?" How could one answer that?

We acknowledge a truthful person's statement about what he has just thought as well as his statement about what he has dreamed.

Even if we *frequently* could guess someone's thoughts and were to say we know what they are, then the criterion for that could only be that he himself confirmed our guess. Unless we totally change the concept of thought. [Cf. *PI* II, xi, p. 222e]

We paint pictures of transparent yellow, green, blue and red glasses with different backgrounds so that we get clear as to what the appearance of coloured translucency is. And now analogously we want to paint the picture of a transparent white glass.

We can express ourselves in physical terms here although the physical doesn't interest us. It is a good image of what we want to describe. – A transparent yellow glass reflects no yellow light into the eye, and therefore the yellow doesn't seem localized in the glass. Flat black seen through yellow glass is black, white is yellow. Therefore analogously black must appear black seen through transparent white, and white white, i.e. just as through a colourless glass. – Is red now to appear whitish? i.e. pink? But what will a dark red, which tends toward black, appear as? It should become a blackish pink, i.e. a greyish red, but then black probably will not remain black.

Mit 'reinem Weiß' meint man oft die hellste der Farben, mit Schwarz die dunkelste; aber nicht auch mit reinem Gelb, Rot, etc.

Weiß durch Gelb gesehen würde nicht gelblichweiß, sondern *gelb*. Gelb durch Weiß gesehen, soll es weißlichgelb oder Weiß werden? Im ersten Fall wirkt das 'weiße' Glas wie farbloses, im zweiten wie undurchsichtiges.

Ich will also sagen: Der '*reine*' Farbbegriff, den man sich aus unsern gewöhnlichen Farbbegriffen machen möchte, ist eine Chimäre. Es gibt freilich verschiedene Farbbegriffe und unter ihnen solche, die man reiner und unreiner nennen kann.

Statt "Chimäre" hätte ich sagen können "falsche Idealisierung".
Falsche Idealisierungen sind vielleicht die platonischen Ideen.
Wenn es so etwas gibt, dann muß, wer falsch idealisiert, Unsinn reden, – weil er eine Redeweise, die in *einem* Sprachspiel gilt, in einem andern, wo sie nicht hingehört, verwendet.

Wenn Typen irgendwo aufgehoben sind, wer sagt, *welche* Typen? – Alle, die sich denken lassen?!

Was ist die ideale Repräsentation der Farbe? Ist es nicht so etwas, wie durch eine Röhre schauen und einen kleinen roten Kreis (z.B.) sehen? – Und soll ich nun die Farben nach dieser Erfahrung nennen? Gut, aber nun muß ich diese Farbwörter doch auch in ganz anderen Fällen anwenden. Und wie soll ich sie mit den Farben um mich herum vergleichen? Und wie nützlich wird so ein Vergleich sein? – Oder ist die ideale Weise, eine Farbe zu zeigen, das ganze Gesichtsfeld mit ihr zu erfüllen? Wie wenn man den Blick gegen den blauen Himmel richtet? Aber die alte Frage besteht auch hier. Denn vergiß auch nicht, daß dein Blick schweift und es nicht *die* Beschreibung dessen gibt, was du siehst.

By 'pure white' one often means the lightest of all colours, N.R.
by black the darkest; but not so by pure yellow, red, etc.

White seen through yellow wouldn't become yellowish-white, but *yellow*. And yellow seen through white – should it become whitish-yellow or white? In the first case the 'white' glass acts like colourless glass, in the second like opaque glass.

Thus I want to say: The *'pure'* concept of colour, which one is inclined to create from our normal colour concepts, is a chimera. To be sure there are different colour concepts and among them those that can be called purer and less pure.

Instead of "chimera" I could have said "false idealization".
Perhaps the Platonic ideas are false idealizations.
If there is such a thing then, someone who idealizes falsely must talk nonsense – because he uses a mode of speaking that is valid in *one* language-game in another one where it doesn't belong.

If types are deposited somewhere, who says *which* types? – All that can be thought of?!

What is the ideal representation of colour? Isn't it something like looking through a tube and seeing a small red circle (for instance)? – And am I now to name the colours according to this experience? Fine, but now I also have to apply these colour words in completely different cases. And how am I to compare them with the colours around me? And how useful will such a comparison be? – Or is the ideal way of showing a colour to fill the entire visual field with it? As when one turns one's gaze towards the blue sky? But the old question still remains. For don't forget that your glance wanders and that *the* description of what you see doesn't exist.

N.B.   'Es hat keinen *Sinn*: er *wisse* meine Gedanken.' So ist das Forschen nach den Gedanken des Andern nicht das Spiel, wo "wissen" angewendet werden soll. – So bezieht sich der Satz auf's ganze Sprachspiel.[1]

Sagt aber der Astronom, wenn er eine Mondesfinsternis berechnet, die Zukunft könne man nie wissen? Man sagt es, wo man sich über sie unsicher fühlt. —— Sagt der Fabrikant, man könne natürlich nicht wissen,[2] ob seine Automobile funktionieren werden? [Vgl. *PU* II, xi, S. 223d; vgl. *LS* I, 189]

Wer jenen Satz sagt, macht eine Unterscheidung, zieht eine Grenze; und es mag eine wichtige Grenze sein. – Wird sie durch die tatsächliche Ungewißheit wichtiger?

Man kann dann fragen: Was ist denn das Charakteristikum dessen, was wir wirklich wissen können? Und die Antwort wird sein: *Wissen* kann man nur, wo kein Irrtum möglich ist, oder: wo es klare Regeln der Evidenz gibt.

"Ich weiß, daß er mich gern gesehen hat." – Was folgt daraus? Was von Wichtigkeit? Vergiß, daß du die richtige Vorstellung seines Seelenzustandes hast! Kann ich wirklich sagen, daß die Wichtigkeit dieser Wahrheit darin liegt, daß sie gewisse Folgen hat? – Es ist angenehm mit jemand zu sein, der sich freut uns zu sehen, der sich so und so benimmt (wenn man von früher her mancherlei über dies Benehmen weiß).
Wenn ich also *weiß*, daß er sich freut, so fühle ich mich sicher, nicht unsicher in meinem Vergnügen. Und das, könnte man sagen, sei kein Wissen. – Anders ist es aber doch, wenn ich weiß, daß er sieht, was er zu sehen vorgibt.
"Ich weiß, daß er sich aufrichtig gefreut hat, mich zu sehen."

---

[1] Durchgestrichene Bemerkung.
[2] Var.: "man sei natürlich nie sicher".

'It doesn't make any *sense*: he *knows* my thoughts.' Thus
the inquiry after someone else's thoughts is not the game in
which "knowing" should be applied. – Thus the sentence
refers to the entire language-game.[1]

But does an astronomer calculating an eclipse of the moon
say that the future can never be known? That is said when
one feels uncertain about it. —— Does the manufacturer say
that of course one cannot know[2] whether his cars will work?
[Cf. *PI* II, xi, p. 223d; cf. *LW* I, 189]

Whoever utters that sentence makes a distinction, draws
a line; and it may be an important line. – Does it become
more important because of actual uncertainty?

Then one can ask: What *is* the characteristic of what we
can really know? And the answer will be: One can only
know where no error is possible, or: where there are clear
rules of evidence.

"I know that he enjoyed seeing me." – What follows from
that? What of importance follows? Forget that you have the
correct idea of the state of his mind! Can I really say that
the importance of this truth is that it has certain consequences? – It is pleasant to be with someone who is glad to
see us, who behaves in such and such a way (if one knows a
thing or two about this behaviour from previous occasions).
So if I *know* that he is happy, then I feel secure, not
insecure, in my pleasure. And that, one could say, isn't
knowing. – Still it is different if I know that he is seeing
what he claims to be seeing.
"I know that he was sincerely pleased to see me."

[1] Remark crossed out.
[2] Var.: "one of course is never certain".

II

MS 170

(um 1949)
(around 1949)

Menschen, die den Begriff 'morgen' nicht haben. Sie könnten noch eine recht ausgebildete Sprache haben: verschiedene Befehle, Fragen, Beschreibungen. Könnten wir uns mit ihnen verständigen? – Könnten wir ihnen aber *beschreiben*, wie Menschen das Wort "morgen" gebrauchen, ohne es sie zu lehren? *Welchem Zweck* könnte die Beschreibung dienen?

'Morgen' spielt eine so große Rolle, weil für uns der Wechsel von Tag und Nacht so wichtig ist. Wäre er's nicht . . . [Vgl. *Bemerkungen über die Farben*, III, 116]

Wollte man eine beiläufige Beschreibung des Spiels mit "morgen" geben, analog einer beiläufigen Beschreibung der Differentialrechnung, so müßte sie viel primitiver sein, und es wäre schwer, sich einen Zweck für sie zu denken.

Denke aber, welchen Begriff sich Leute vom gekrümmten Raum machen.

Auch wenn das Benehmen eines Menschen an sich sehr regelmäßig ist, ist es uns doch schwer diese Regelmäßigkeit zu lernen, wenn sein Benehmen fremdartig von unserm abweichend ist. Man sagt dann etwa "Ich kann mich nicht daran gewöhnen, daß er . . .". Denk auch, daß der Wunsch die Erwartung erzeugt.

Die Sprache eines, der als Schwachsinniger unter normalen Menschen lebt und von ihnen gepflegt wird. Er kennt vielleicht den Begriff 'morgen' nicht. [Vgl. *BF* III, 118]

Operieren mit Begriffen durchsetzt unser Leben. Ich sehe irgend eine Analogie mit einem sehr allgemeinen Gebrauch von Schlüsseln. Wenn man etwa, um irgend etwas zu bewegen, immer ein Schloß zu öffnen hätte.

Kann der Psychologe uns lehren, was Sehen ist? Er lehrt uns den Gebrauch des Wortes 'sehen' nicht. Ist "sehen" ein Fachwort der Psychologie? Ist "Hund" ein Fachwort der

People who don't have the concept 'tomorrow'. They still could have a quite well-developed language: various commands, questions, descriptions. Could we communicate with them? – But could we *describe* to them how people use the word "tomorrow", without teaching it to them? *What purpose* could the description serve?

'Tomorrow' plays such a great role because the change from day to night is so important to us. If it were not . . . [Cf. *RC* III, 116]

If one wanted to give a rough description of the game with "tomorrow", analogously to a rough description of the differential calculus, then it would have to be a lot more primitive, and it would be difficult to imagine a purpose for it.

But think about what concepts people have for curved space.

Even if someone's behaviour is very regular in itself, still it is hard for us to grasp this regularity if his behaviour deviates from ours in strange ways. Then one might say "I cannot get used to his . . .". Consider also that wish creates expectation.

The language of someone who as an imbecile lives among normal people and is cared for by them. Perhaps he doesn't know the concept 'tomorrow'. [Cf. *RC* III, 118]

Operating with concepts permeates our life. I see some sort of analogy with a very general use of keys. If for instance one always had to open a lock in order to move something.

Can the psychologist teach us what seeing is? He doesn't teach us the use of the word 'to see'. Is "seeing" a technical term of psychology? Is "dog" a technical term of zoology? –

Zoologie? – Der Psychologe entdeckt vielleicht Unterschiede zwischen Menschen, welche im gewöhnlichen Leben nicht bemerkt werden und sich nur unter den Bedingungen eines Experiments zeigen. Aber Blindheit ist nicht etwas, was der Psychologe entdeckt.

Wäre Sehen etwas, was der Psychologe entdeckt hat, so könnte das Wort "sehen" hier nur eine Form des Verhaltens, eine Fähigkeit so und so zu handeln bedeuten. Lehrte also der Psychologe "Es gibt Menschen, welche *sehen*", so müßte er uns nun das Verhalten dieser sehenden Menschen beschreiben können. Damit aber hätte er uns den Gebrauch der Form "Ich sehe etwas rotes Rundes" z.B. nicht beigebracht, und zwar auch dem Sehenden nicht. [a: Vgl. *BF* III, 337–338]

Könnte nicht ein Sehender ganz ohne das Wort "sehen" auskommen? Er sagt etwa "Dort ist . . .". Ein normales Kind könnte *lange* ohne das Wort "sehen" auskommen, aber nicht z.B. ohne die Wörter "rot", "gelb", "rund".

Wenn ich den Verlauf meiner Schmerzen beobachte, welche Sinneseindrücke soll ich gehabt haben, wenn ich nicht beobachtet hätte? Hätte ich nichts gefühlt? oder es mir nur nicht gemerkt?

"Ich hätte es nicht gesehen, wenn ich es nicht beobachtet hätte." – Worauf beziehen sich die Wörter "es"? Auf das Gleiche?

"Ich hätte den Schmerz nicht gefühlt, wenn ich den Schmerz nicht beobachtet hätte."

Aber man kann doch sagen "Beobachte deinen Schmerz" und *nicht* "Fühle Schmerz!".

Prüfe: "Die meisten Sessel verdampfen nicht."

"Wäre so etwas geschehen, so hätte ich bestimmt davon gehört."

Perhaps the psychologist discovers differences among people that are not noticed in everyday life and show up only under experimental conditions. But blindness is not something that the psychologist discovers.

If seeing were something that the psychologist has discovered, then the word "seeing" could only mean a form of behaviour, an ability to act in such and such a way. So if the psychologist were to pronounce "There are people who *see*", then he would have to be able to describe for us the behaviour of these seeing people. But in doing this he would not have taught us the use of the form "I see something red and round", for instance, and more specifically would not have taught this to a sighted person. [a: cf. *RC* III, 337–338]

Couldn't a seeing person manage completely without the word "see"? He might say "Over there there is . . .". A normal child could manage *for a long time* without the word "see", but not for instance without the words "red", "yellow", "round".

If I observe the course of my pains, which sense-impressions am I supposed to have had if I had not been observing? Would I have felt nothing? Or would I only have not remembered?

"I wouldn't have seen it if I hadn't observed it." – What do the words "it" refer to? To the same thing?
"I wouldn't have felt the pain if I hadn't observed the pain."
But one can say after all "Observe your pain" and *not* "Feel pain!"

Test: "Most chairs do not evaporate."
"If something like that had happened, I certainly would have heard about it."

N.B.   Freilich kann man auch hier sagen "Es ist immer so gewesen, also wirds auch diesmal so sein." – aber wie weiß
man, daß es immer so war?

Das eine scheint von anderm gestützt, aber keines liegt
offenbar dem andern zugrunde.

Wir sagen "Ohne jeden Zweifel ist es so", und wissen
nicht, wie sehr diese Sicherheit unsre Begriffe bestimmt.
Wir würden auf die Frage "Hat die Erde wirklich schon
vor deiner Geburt existiert" halb ärgerlich und halb verlegen
antworten "Ja selbstverständlich!" und uns dabei bewußt
sein, daß wir einerseits gar nicht im Stande sind, Gründe
dafür anzugeben, weil es scheinbar zu viele dafür gibt, und
anderseits, daß ein Zweifel unmöglich ist, und man dem
Fragenden gar nicht durch *eine* besondere Belehrung
antworten kann, sondern indem man ihm nach und nach ein
Bild unsrer Welt beibringt.

To be sure one can also say in this case "It's always been like that, so it will be like that this time too." – But how does one know that it always was that way?

The one seems to be supported by the other, but neither obviously serves as the basis for the other.

We say "Undoubtedly it is so", and don't know how very much this certainty determines our concepts.

To the question "Did the earth really exist before your birth" we would respond, half annoyed and half embarrassed, "Yes, of course!" All the while we would be conscious that on the one hand we are not at all capable of giving reasons for this because seemingly there are too many, and on the other hand that no doubt is possible, and that one cannot answer the questioner by way of *one* particular piece of instruction, but only by gradually imparting to him a picture of our world.

III

MS 171

(1949 oder 1950)

(1949 or 1950)

Inneres, in dem es entweder so oder so ausschaut; wir sehen es nicht. In meinem Innern ist es entweder rot oder blau. Ich weiß es, der Andre weiß es nicht.

Wäre die Verstellung nicht ein kompliziertes Muster, so wäre es denkbar, daß sich das neugeborene Kind verstellt.

Ich will also sagen, daß es einen ursprünglichen echten Schmerzausdruck gibt; daß also der Schmerzausdruck nicht gleichermaßen mit dem Schmerz und der Verstellung verbunden ist.

D.h.: die Schmerzäußerung ist nicht gleichermaßen mit dem Schmerz und der Verstellung verbunden.

Nicht das ist uns der wichtige Aspekt,[1] daß die Evidenz das Erlebnis des Andern 'nur wahrscheinlich macht', sondern daß wir gerade diese Erscheinungen als Evidenz für etwas Wichtiges betrachten.[2]

Aber angenommen, das Kind käme gleich so auf die Welt, daß es sich verstellen kann, ja so, daß seine erste Schmerzäußerung Verstellung ist. – Wir könnten uns eine mißtrauische Einstellung zum neugebornen Kind vorstellen: aber wie würden wir es das Wort "Schmerz" (oder "Wehweh") lehren? Etwa in fragendem Tonfall. Wir würden dann etwa ein konsistentes Benehmen als Beweis der Echtheit ansehen.

Bedenke, daß du das Kind den *Begriff lehren* mußt. Also mußt du es die Evidenz (sozusagen das Gesetz der Evidenz) lehren.

Bemerkenswert ist der Begriff, dem dies Spiel der Evidenz gehört.

[1] Zahlreiche Varianten.
[2] Var.: ", daß wir gerade dies(es) schwer Beschreibbare, als Evidenz betrachten, als Evidenz von etwas Wichtigem."

An inner, in which it looks either like this or like that; we are not seeing it. In my inner it is either red or blue. I know which, no one else does.

If pretending were not a complicated pattern, it would be imaginable that a new-born child pretends.

Therefore I want to say that there is an original genuine expression of pain; that the expression of pain therefore is not equally connected to the pain and to the pretence.

That is: the utterance of pain is not equally connected with the pain and the pretence.

The important aspect for us is not[1] that the evidence makes the experience of someone else 'only probable', but rather that we regard precisely these phenomena as evidence for something important.[2]

But let's assume that from the very first moment a child was born it could pretend, indeed in such a way that its first utterance of pain is pretence. — We could imagine a suspicious attitude toward a new-born child: but how would we teach it the word "pain" (or "a hurt")? Say in a questioning tone. Then we might view consistent behaviour as proof of genuineness.

Consider that you have to *teach* the child the *concept*. Thus you have to teach it evidence (the law of evidence, so to speak).

Remarkable the concept to which this game of evidence belongs.

[1] Numerous variants.
[2] Var.: "that we see precisely this that is difficult to describe as evidence, as evidence of something important."

N.B.   Unsere Begriffe, Urteile, Reaktionen erscheinen nie bloß in Verbindung mit einer einzelnen Handlung, sondern mit dem ganzen Gewimmel der menschlichen Handlungen.[1]

Nur ich weiß, was ich denke, heißt eigentlich nichts andres als: nur ich *denke* meine eignen Gedanken.

Kann man sich Menschen denken, die Verstellung nicht kennen und denen man sie nicht erklären kann?
Kann man sich Menschen denken, die nicht lügen können? – Was würde diesen Menschen sonst noch abgehen? Wir sollten uns dann wohl auch denken, daß sie nichts erdichten können und Erdichtetes nicht verstehen.

Wer sich nicht verstellen könnte, könnte auch nicht eine Rolle spielen.

Ist nicht die Schwierigkeit, daß die Verstellung in der *Absicht* liegt? Denn wir könnten doch das Schmerzbenehmen genau *nachahmen*, ohne uns zu verstellen.

Die Fähigkeit sich zu verstellen liegt also in der Fähigkeit zur Nachahmung, oder in der Fähigkeit zu dieser Absicht.
Wir müssen aber doch annehmen, daß das Subjekt die Worte "Ich habe Schmerzen" sagen kann. Es handelt sich also um die Fähigkeit zur Absicht. Ist es z.B. möglich, sich Menschen vorzustellen, die darum nicht lügen können, weil die Lüge für sie nichts als ein Mißklang wäre. Ich will mir einen Fall denken, wo die Menschen nicht aus *Moralität* wahrhaftig sind, sondern in der Lüge etwas *Absurdes* sehen. Wer lügt würde als geisteskrank angesehen.
Besser ausgedrückt: Das Lügen oder die Verstellung müßte diesen Leuten als Perversität erscheinen.

[1] Durchgestrichene Bemerkung.

Our concepts, judgements, reactions never appear in con-   N.R.
nection with just a single action, but rather with the whole
swirl of human actions.[1]

Only I know what I am thinking actually means nothing
else than: only I *think* my own thoughts.

Can one imagine people who don't know pretence and to
whom one cannot explain it?
Can one imagine people who cannot lie? – What else
would these people lack? We should probably also imagine
that they cannot make anything up and do not understand
things that are made up.

Whoever couldn't pretend also couldn't play a role.

Isn't the difficulty this: the pretence resides in the *intention*?
For we could after all *imitate* the behaviour of pain exactly,
without pretending.

The capacity to pretend therefore resides in the ability to
imitate, or in the ability to have this intention.
But we must assume that a subject can say the words "I
am in pain". Therefore it is a matter of having the capacity
to intend. Is it possible, for instance, to imagine people who
cannot lie because for them a lie would be nothing but a
dissonance. I want to imagine a case where people are truthful not as a matter of *morality*, but rather see something
absurd in a lie. Whoever lies would be viewed as mentally
ill.
Or better: Lying or pretending would have to appear to
these people as perversity.

[1] Remark crossed out.

N.B.   Ist es richtig zu sagen, das fixe Lächeln wäre eigentlich kein Lächeln? Wie erkennt man, daß es keines ist?

Lächeln ist eine Miene in einem normalen Mienenspiel. – Aber ist das eine willkürliche Festsetzung? So lernen wir das Wort gebrauchen.

Nicht die Bemerkung ist uns wichtig . . . sondern die, daß dies Verwickelte uns eine Evidenz ist.

Jemand stöhnt in der Narkose oder im Schlaf. Man fragt mich "Hat er Schmerzen?" Ich zucke die Achsel oder sage "Ich weiß nicht, ob er Schmerzen hat". Manchmal erkenne ich etwas als Kriterium dafür an, manchmal aber nicht.
Nun, meine ich dann nichts damit? Doch: Ich mache ja den Zug in einem bestehenden Spiel. Aber es gäbe dieses Spiel nicht, wenn es nicht Kriterien in andern Fällen gäbe.
Der Zweifel in den verschiedenen Fällen hat sozusagen verschiedene Färbung.
Man könnte sagen "verschiedenen Wahrheitswert".

"Ich weiß zufälligerweise, daß das ein Bergahorn ist; ein Bergahorn ist ein äußerer Gegenstand, also gibt es äußere Gegenstände."

Etwas stellt sich als Schmerz oder als Verstellung heraus. Und das ist den Begriffen 'Schmerz' und 'Verstellung' wesentlich, auch wenn es sich nicht in jeder ihrer Anwendungen herausstellt.

"Beyond a reasonable doubt." [Vgl. *Über Gewißheit*, 416, 607].

Ich weiß . . . = Ich bin sicher, daß es so ist und es ist so.
Ich wußte . . . = Ich war sicher, daß es so ist und es war so.

57

Is it correct to say that a fixed smile is actually no smile at all? How does one recognize that it isn't?

Smiling is one mien within a normal range of miens. – But is that an arbitrary determination? This is the way we learn to use the word.

The remark that . . . is not important to us, but rather the remark that this involved thing is a kind of evidence for us.

Someone groans under anaesthesia or in sleep. I am asked "Is he in pain?" I shrug my shoulders or say "I don't know whether he's in pain". Sometimes I acknowledge something as a criterion for it, but sometimes I don't.

Well, do I mean nothing by this? Oh yes: I am making a move in an existing game. But this game wouldn't exist if there weren't criteria in other cases.

The doubt in the different cases has a different colouring, so to speak.

One might say "a different truth-value".

"I happen to know that this is a sycamore; a sycamore is an external object, therefore there are external objects."

Something turns out to be pain or pretence. And that is essential to the concepts 'pain' and 'pretence', even if it is not evident in every single one of their applications.

"Beyond a reasonable doubt." [Cf. OC 416, 607]

I know . . . = I am certain that it is so and it is so.
I knew . . . = I was certain that it is so, and it was so.

N.B.   Ich weiß, wie es ist = Ich *kann* sagen, wie es ist und es ist, wie ich's sage.

Ein Blinder berührt einen Gegenstand und fragt mich "Was ist das?" – Ich antworte "Ein Tisch." – Er: "Bist du sicher?" – Ich: "Ich *weiß* es."

"Ich weiß . . ." = Ich habe den höchsten Grad der Gewißheit.
Wenn Moore es gebraucht, so ist es, als wollte er sagen: "Die Philosophen sagen immer, man könnte das Gefühl des Wissens nur in dem und dem Fall haben, *ich* aber habe es auch in diesem und diesem und diesem Fall." Er schaut auf die Hand, gibt sich das Gefühl des Wissens und sagt nun, er habe es.

Wozu dient die Aussage "Er weiß" und "Ich weiß"?
Wie zeigt sich's, daß jemand etwas weiß? Denn nur wenn das klar ist, ist der Begriff des Wissens klar.

Wenn Einer sagt "Ja jetzt weiß ich, daß es ein Baum ist" und wenn er's auch bei der richtigen Gelegenheit sagt, so ist das allein noch nicht ein Zeichen, daß er das Wort "wissen" wie wir verwendet.

"Ich weiß, daß hier ein Baum steht." Dies kann man z.B. sagen, wenn man aus irgend einem Grunde seine eigenen Worte wiederholen will (, wie wenn man die Stelle aus einem Buch auswendig sagt.) Wie wissen wir nun, welche Verwendung du von dem Satz gemacht hast? Du kannst es uns sagen. Es könnte die sein: Ich denke an Menschen, die sagen, es sei unsicher, daß . . . und sage nun "Nein, es ist nicht unsicher: ich *weiß*, daß . . ." (Wie "Ich *weiß*, daß er mich nicht betrügt".) Wer nun so sagt "Ich weiß, daß das ein Baum ist", der meint einen Baum und *nicht* das und das.

I know how it is = I *can* say how it is, and it is as I say   N.R.
it is.

A blind person touches an object and asks me "What is
that?" – I answer "A table." – He: "Are you certain?" – I:
"I *know* it is."

"I know . . ." = I have the highest degree of certainty.
When Moore uses it, then it is as if he wanted to say:
"The philosophers are always saying that one can have the
feeling of knowing only in this and that case, but *I* have it
also in this and this and this case." He looks at his hand,
gives himself the feeling of knowing, and now says he has
it.

What purpose do the statements "He knows" and "I
know" serve?
How is it shown that someone knows something? For
only if that is clear is the concept of knowing clear.

If someone says "Yes, now I know that it is a tree" and
if he also says it on the right occasion, then this alone is not
yet a sign that he is using the word "know" as we do.

"I know that there is a tree here." One can say this for
instance when for some reason one wants to repeat his own
words (as when one recites a passage from a book by heart).
Now how do we know which use you have made of the
sentence? You can tell us. It could be the following: I'm
thinking of people who say that it is uncertain that . . ., and
now I say "No, it is not uncertain: I *know* that . . ." (As in
"I *know* that he is not deceiving me".) Now, whoever says
"I know that that is a tree" in this way means a tree and *not*
this or that.

N.B. Es ist wahr, daß Moore weiß, daß dies ein Baum ist, dies zeigt sich in seinem ganzen Benehmen. Daraus folgt nicht, daß er beim Philosophieren die Worte "Ich weiß etc." nicht mißversteht. Er bewies sein Mißverständnis, indem er seine Hände anschaute und sagte "Ich weiß, daß dies Hände sind", statt einfach zu konstatieren "Ich weiß eine Unzahl von Tatsachen physikalische Gegenstände betreffend". Und zwar sind sie mir so gewiß, daß nichts diese Gewißheit verstärken oder sie zerstören kann.

Nicht das finden wir bemerkenswert, daß . . ., sondern darauf richten wir den Blick, daß *dies* für uns eine Evidenz ist.

"Im Inneren da ist entweder Schmerzen oder Verstellung. Außen sind Zeichen (das Benehmen), die nicht mit völliger Sicherheit das eine oder andre bedeuten."
Aber so ist es nicht. Die äußern Zeichen bedeuten in äußerst komplizierter Weise, manchmal unzweideutig, manchmal unsicher: Schmerz, Verstellung und manches andre.[1]

"Nichts ist so gewöhnlich wie die Farbe rötlichgrün; denn nichts ist gewöhnlicher als der Übergang vom Grün der Blätter in's Rote."

"Das Glauben, Wissen, ein Erlebnis, das während man es hat, man als eben dies[2] erkennt."[3]

---

[1] Var.: "Die äußern Zeichen bedeuten in verwickelter Weise, manchmal sicher, manchmal unsicher auf Schmerz, oder Verstellung, oder keines von beiden."

[2] Var.: "man als Glauben oder Wissen erkennt."

[3] Var.: ", das man, während man's hat, als was immer es ist erkennt."

It is true that Moore knows that this is a tree; this shows in his entire behaviour. From this it does not follow that he does not misunderstand the words "I know etc." in philosophizing. He proved his misunderstanding by looking at his hands and saying "I know that these are hands" instead of simply noting "I know an immense number of facts concerning physical objects". And what is more, they are so certain for me that nothing can strengthen or destroy this certainty.

What we find remarkable is not that . . ., rather we are looking at the fact that *this* is evidence for us.

"In the inner there is either pain or pretence. On the outside there are signs (behaviour), which don't mean either one with complete certainty."
But that's not the way it is. In an extremely complicated way the outer signs sometimes mean unambiguously, sometimes without certainty: pain, pretence and several other things.[1]

"Nothing is as common as the colour reddish-green; for nothing is more common than the transition of leaves from green to red."

"Believing, knowing, an experience which one recognizes as this very thing[2] while one is having it."[3]

---

[1] Var.: "In an involved way, the outer signs refer, sometimes with certainty, sometimes without, to pain, or dissimulation, or neither."
[2] Var.: "as believing or knowing".
[3] Var.: "which one recognizes as whatever it is while one has it."

IV

MS 173

(1950)

"Wenn sich Einer wirklich freut, so weiß man's." Aber man kann darum den echten Ausdruck doch nicht beschreiben. – Es ist aber natürlich auch nicht *immer* wahr, daß man den echten Ausdruck erkennt, oder weiß, ob der Ausdruck echt ist. Ja es gibt Fälle, wo man weder gern von echt, noch von unecht spricht. Es lächelt jemand und seine weiteren Reaktionen stimmen weder zur echten, noch auch zur verstellten Freude. Wir würden vielleicht sagen "Ich kenne mich in ihm nicht aus. Es ist weder das Bild (Muster) der echten Freude, noch das der verstellten".

Könnte er nicht zum normalen fühlenden Menschen sich verhalten wie der Farbenblinde zum normal sehenden?

Ich könnte auf Grund meiner Kenntnis seines Charakters verläßlich aussagen, er werde in dieser Situation so und so reagieren, und es wäre auch möglich, daß Andre sich auf mein Urteil verlassen können, ohne doch von mir verlangen zu können, daß ich mein Urteil durch eine verifizierbare Beschreibung begründe.

Ein Maler hätte den Ausdruck holder Freude dargestellt – und ich sehe das Bild und sage "Vielleicht verstellt sie sich".

Es ist zum mindesten vorstellbar, daß in einem Land das Gericht sich auf die Aussage eines Menschen in Bezug auf seine Möglichkeiten verläßt, wenn der Zeuge ihn eine gewisse Zeit lang gekannt hat. So fragt man auch heute etwa einen Psychiater, ob der und der des Selbstmords fähig ist. Dabei wird vorausgesetzt, daß *Erfahrung* eine solche Aussage im allgemeinen nicht widerlegt.

Ich versuche die Gesetze oder Regeln der Evidenz für Erlebnissätze zu beschreiben: charakterisiert man so wirklich, was mit dem Seelischen gemeint ist?

Das Kennzeichende des Seelischen scheint zu sein, daß man es im Andern nach Äußerem erraten muß und nur von

61

"One knows when someone is really happy." But that doesn't mean that one can describe the genuine expression. – But of course it is not *always* true that one recognizes the genuine expression, or knows whether the expression is genuine. Indeed there are cases where one is not happy either with "genuine" or "sham". Someone smiles and his further reactions fit neither a genuine nor a simulated joy. We might say "I don't know my way around with him. It is neither the picture (pattern) of genuine nor of pretended joy."

Mightn't his relation to a person with normal feelings be like that of a colour-blind person to the normal-sighted?

On the basis of my knowledge of his character I could state reliably that he will react in such and such a way in this situation; and it would also be possible that others can rely on my judgement without however being able to demand of me that I support my judgement with a verifiable description.

Let's assume that a painter represented the expression of blissful joy – and I see the picture and say "Maybe she's pretending."

It is at least conceivable that in some country a court relies on a man's statement about what is possible for him, if a witness has known him for a certain length of time. In this way even now one might ask a psychiatrist whether this or that person is capable of suicide. It is assumed in this connection that in general *experience* does not disprove such a statement.

I am trying to describe the laws or rules of evidence for empirical sentences: does one really characterize what is meant by the mental in this way?

The characteristic sign of the mental seems to be that one has to guess at it in someone else using external clues and is

sich her *kennt*.

Aber wenn durch genaueres Überlegen diese Ansicht in Rauch aufgegangen ist, so stellt sich damit nicht heraus, daß das Innere etwas Äußeres ist, aber "äußeres" und "inneres"[1] gelten nun nicht mehr als Eigenschaften der Evidenz.[2] "Innere Evidenz" heißt nichts, und darum auch "äußere Evidenz".

Wohl aber gibt es 'Evidenz für Inneres' und 'Evidenz für Äußeres'.

"Ich nehme doch nur immer das *Äußere* wahr." Wenn das Sinn hat, muß es einen Begriff bestimmen. Aber warum soll ich nicht sagen, ich nehme seine Zweifel wahr? (*Er* kann sie nicht wahrnehmen.)

Ja, ich kann oft sein Inneres beschreiben, wie ich's wahrnehme, aber nicht sein Äußeres.

Die Verbindung von Innen und Außen gehört zu diesen Begriffen. Wir machen diese Verbindung nicht, um das Innere wegzuzaubern.

Es gibt innere *Begriffe* und äußere *Begriffe*.

Was ich sagen will, ist doch, daß das Innere sich vom Äußern durch seine *Logik* unterscheidet. Und daß allerdings die Logik den Ausdruck "das Innere" erklärt, ihn begreiflich macht.[3]

---

[1] Var.: '"äußerlich" und "innerlich"'.

[2] Var.: "so ist nun zwar nicht das Innere zum Äußeren geworden, aber es gibt für uns nicht mehr direkte innere und indirekte äußere Evidenz des Seelischen."

[3] Var.: "das Bild von innen und außen erklärt, es begreiflich macht."

only *acquainted* with it from one's own case.

But when closer reflection causes this view to go up in smoke, then what turns out is not that the inner is something outer, but that "outer" and "inner"[1] now no longer count as properties of evidence.[2] "Inner evidence" means nothing, and therefore neither does "outer evidence".

But indeed there is 'evidence for the inner' and 'evidence for the outer'.

"But all I ever perceive is the *outer*." If that makes sense, it must determine a concept. But why should I not say I perceive his doubts? (*He* cannot perceive them.)

Indeed, often I can describe his inner, as I perceive it, but not his outer.

The connection of inner and outer is part of these concepts. We don't draw this connection in order to magically remove the inner.

There are inner *concepts* and outer *concepts*.

What I want to say is surely that the inner differs from the outer in its *logic*. And that logic does indeed explain the expression "the inner", makes it understandable.[3]

---

[1] Variants: "outward" and "inward".
[2] Var.: "then to be sure the inner has not become the outer, but for us direct inner and indirect outer evidence of the mental no longer exist."
[3] Var.: "explain the picture from inside and outside, makes it understandable."

N.B.   Wir brauchen den Begriff "seelisch" (etc.) nicht, um zu rechtfertigen, daß gewisse unsrer Schlüsse unbestimmt sind, etc. Sondern diese Unbestimmtheit, etc., erklärt uns den Gebrauch des Wortes "seelisch".

"Natürlich sehe ich eigentlich nur das Äußere."
Aber rede ich nicht wirklich nur von Äußerem? Ich sage z.B., unter welchen Umständen Menschen dieses oder jenes sagen. Und ich meine doch immer *äußere* Umstände. Es ist also, *als ob* ich das Innere durchs Äußere erklären (quasi definieren) wollte. Und doch ist es nicht so.

Liegt es daran, daß das Sprachspiel etwas Äußeres ist?

Keine Evidenz lehrt uns die psychologische Äußerung.

"Seelisch" ist für mich kein metaphysisches, sondern ein logisches Epithet.

"Ich sehe das Äußere und stelle mir dazu ein Inneres vor."

Wenn Miene, Gebärde und Umstände eindeutig sind, dann scheint das Innere das Äußere zu sein; erst wenn wir das Äußere nicht lesen können, scheint ein Inneres hinter ihm versteckt.

Es gibt innere und äußere Begriffe, innere und äußere Betrachtungsweisen des Menschen. Ja es gibt auch innere und äußere Tatsachen – sowie es z.B. physikalische und mathematische Tatsachen gibt. Sie stehen aber nicht nebeneinander wie Pflanzen verschiedener Art. Denn was ich gesagt habe, klingt als hätte man gesagt: In der Natur kommen alle diese Tatsachen vor. Und was ist nun daran falsch?

Inneres ist mit Äußerem nicht nur erfahrungsmäßig verbunden, sondern auch logisch.

We don't need the concept "mental" (etc.) to justify that
some of our conclusions are undetermined, etc. Rather this
indeterminacy, etc., explains the use of the word "mental"
to us.

"Of course actually all I see is the outer."
But am I not really speaking only of the outer? I say, for
instance, under what circumstances people say this or that.
And I do always mean *outer* circumstances. Therefore it is
as if I wanted to explain (quasi-define) the inner through the
outer. And yet it isn't so.

Is the reason for this that the language-game is something
outer?

No evidence teaches us the psychological utterance.

"Mental" for me is not a metaphysical, but a logical,
epithet.

"I see the outer and imagine an inner that fits it."

When mien, gesture and circumstances are unambiguous,
then the inner seems to be the outer; it is only when we
cannot read the outer that an inner seems to be hidden behind
it.

There are inner and outer concepts, inner and outer ways
of looking at man. Indeed there are also inner and outer
facts – just as there are for example physical and mathematical facts. But they do not stand to each other like plants of
different species. For what I have said sounds like someone
saying: In nature there are all of these facts. Now what's
wrong with that?

The inner is tied up with the outer not only empirically,
but also logically.

63e

N.B.   Inneres ist mit Äußerem logisch verbunden, nicht bloß erfahrungsmäßig.

"Wenn ich die Gesetze der Evidenz für das Seelische untersuche, so das *Wesen* des Seelischen." Ist das wahr?

Ja. Das *Wesen* ist nicht etwas, was aufgezeigt werden kann, es kann nur in seinen Zügen beschrieben werden.

Aber spricht dagegen nicht ein Vorurteil? Wir können freilich die *Eigenschaften* des Tintenfasses nach und nach aufzählen, aber sein *Wesen*, – muß es nicht ein für allemal feststehen, ist es uns nicht eben mit diesem Gegenstand, vor unsern Augen, gegeben? Was wir da vor uns haben, ist doch nicht der 'Gebrauch eines Wortes'! Freilich nicht; aber der Begriff 'Tintenfaß', der doch hier notwendig ist, steht nicht greifbar vor uns, noch trägt, was vor uns steht, diesen Begriff in sich. Und um ihn darzustellen genügt es nicht Einem ein Tintenfaß in die Hand zu geben. Und das nicht, weil der Mensch zu begriffstutzig ist, den Begriff aus dem Gegenstand heraus zu lesen.

Ich kann Einem einen Gegenstand zeigen, weil seine *Farbe* auffallend ist und ich *sie* dem Andern vorführen will, aber das setzt schon ein gewisses Spiel zwischen uns voraus.

Ja, er mag beim Anblick des Gegenstandes staunen, daß er aber 'über die Farbe staunt', daß die Farbe der *Grund* des Staunens, und nicht etwa bloß die *Ursache* seines Erlebnisses ist, dazu braucht er den Begriff der Farbe, nicht nur das Sehen.

Jemand sagt auf sein Ehrenwort aus, daß der Andre das und das geglaubt habe. – Da kann man ihn fragen "Woher weißt du das", und er antworten "Er hat mich dessen im höchsten Ernst versichert, und ich kenne ihn genau".

The inner is tied up with the outer logically, and not just empirically.

"In investigating the laws of evidence for the mental, I am investigating the *essence* of the mental." Is that true?

Yes. The *essence* is not something that can be shown; only its features can be described.

But doesn't a prejudice argue against this? To be sure we can little by little enumerate the *properties* of an inkwell, but its *essence* – mustn't it stand fast once and for all, isn't it presented to us with this very object, before our eyes? What we have here in front of us surely isn't the 'use of a word'! Certainly not; but the concept 'inkwell', which is necessary here after all, is not tangibly in front of us, nor does what is in front of us contain this concept. In order to represent it, it is not enough to put an inkwell in someone's hand. And this is not because that person is too lame-brained to read the concept off the object.

I can show someone an object because its *colour* stands out and I want to demonstrate *it* to him, but that already presupposes that there is a certain game between us.

Indeed he might be astonished when he sees the object, but in order to 'be astonished about the colour', in order for the colour to be the *reason* of his astonishment and not just the *cause* of his experience, he needs not just sight, but to have the concept of colour.

Someone says on his word of honour that someone else believed this or that. – At that point one can ask him, "How do you know that", and he can answer "He assured me of this with utmost seriousness, and I know him extremely well".

N.B.   Wenn ich sage "Ich kenne mich in ihm nicht aus", so hat das sehr wenig Ähnlichkeit mit dem Fall: "Ich kenne mich in diesem Mechanismus nicht aus." Ich glaube, es heißt *ungefähr*: Ich kann sein Benehmen nicht mit der Sicherheit vorhersehen, wie das von Leuten, 'in denen ich mich auskenne'.

Es muß die Frage der Evidenz für Erlebtes mit der Sicherheit oder Unsicherheit einer Voraussicht des Benehmens des Andern zusammenhängen. Aber ganz so ist es nicht, denn man sagt ja nur selten die Reaktion des Andern voraus.

Ich meine, die nicht-Vorhersehbarkeit muß *eine* wesentliche Eigenschaft des Seelischen sein. So wie auch die unendliche Vielfältigkeit des Ausdrucks.

Was z.B. spricht dafür, was dagegen, daß der Hund ein Seelenleben hat?
Es ist doch wohl nicht seine Gestalt, Farbe, oder seine Anatomie. Also ist es sein Benehmen.

Die, welche sagen, der Hund habe keine Seele, stützen sich auf das, was er tun kann, und nicht tun kann. Denn wenn Einer sagte, ein Hund könne nicht hoffen, – woraus entnimmt er das? Und wer sagt, der Hund *habe* eine Seele, kann das nur auf das Benehmen stützen, das er am Hund beobachtet.
"Schau dir nur das Gesicht und die Bewegungen eines Hundes an, und du siehst, daß er eine Seele hat." Aber was ist es am Gesicht? Ist es nur die Ähnlichkeit mit dem Mienenspiel des menschlichen? Ist es, wenigstens unter anderem, der Mangel an Steifheit?

Die *wichtigen* feinen Abschattungen des Benehmens sind nicht vorhersagbar.

Aber heißt das: Wenn sie vorhersehbar wären, so würden

65

If I say "I can't figure him out", this bears little resem-
blance to: "I can't figure this mechanism out." I think it
means *approximately*: I can't foresee his behaviour with the
same certainty as with people 'with whom I do know my
way about'.

The question of evidence for what is experienced has to
be connected with the certainty or uncertainty of foreseeing
someone else's behaviour. But that's not quite the way it is;
for only rarely does one predict someone else's reaction.

I think unforeseeability must be *an* essential property of
the mental. Just like the endless multiplicity of expression.

What for instance speaks for, what against, a dog's having
a mental life?
  Certainly it isn't its shape, colour, or anatomy. So it is its
behaviour.

Those who say that a dog has no soul support their case
by what it can and cannot do. For if someone says that a
dog cannot hope – from what does he deduce that? And
whoever says that a dog *has* a soul can only support that
with the behaviour he observes in the dog.
  "Just look at the face and the movements of a dog, and
you'll see that it has a soul." But what is it about the face?
Is it only the similarity with the play of the features of the
human face? Is it, at least among other things, the lack of
stiffness?

The *important* fine shades of behaviour are not predictable.

But does that mean: If they could be foreseen, with a

wir beim Menschen nicht von einem Innern im Gegensatz zu Äußerem reden? —— Aber stellen wir uns so eine Vorhersagbarkeit auch klar vor? Impliziert sie z.B., daß wir ihn nicht um eine Entscheidung fragen würden?

Denk dir, wir begegneten einem Menschen, der keine Seele hätte. Warum soll so etwas nicht als Abnormität vorkommen können? Es wäre also ein menschlicher Leib zur Welt gekommen mit gewissen Lebensfunktionen, aber ohne eine Seele. Nun, wie sähe das aus?

Das *Einzige*, was ich mir da vorstellen kann, ist, daß dieser Menschenleib automatenhaft handelt und nicht wie die gewöhnlichen Menschenleiber.

Wenn es heißt "Der Mensch besteht aus einem Leib und einer Seele", so wäre dem durch so eine Erscheinung nicht widersprochen. Denn dies wäre eben kein (eigentlicher) Mensch, sondern etwas andres, und allerdings sehr seltenes. Wie aber kann man wissen, daß es *nie* vorkommt? Nur, – wie sähe dieses Phänomen eigentlich aus?

Oder soll es nun doch gar kein Phänomen sein? Soll die Seelenhaftigkeit gar nicht erkennbar sein?

Kann es Herzlosigkeit geben, die keinen Ausdruck besitzt? Wäre das, was wir "Herzlosigkeit" nennen?

Man könnte es auch so sagen: Wie müßte ein menschlicher Leib handeln, daß man nicht geneigt wäre, von inneren und äußeren Zuständen des Menschen zu reden?
Immer wieder denke ich da: "maschinenhaft".

Das feinst gegliederte Benehmen des Menschen ist vielleicht die Sprache mit dem Ton und dem Mienenspiel.

Dürfte der Seelenlose Zeichen des Schmerzes geben? Wenn

human we wouldn't speak of an inner as opposed to an outer? —— Are we really imagining this kind of predictability clearly? Does it imply for instance that we wouldn't ask him for a decision?

Imagine we were to encounter a human who had no soul. Why shouldn't something like that occur as an abnormality? So a human body would have been born with certain vital functions, but without a soul. Well, what would that look like?

The *only* thing I can imagine in that case is that this human body acts like an automaton, and not like normal human bodies.

When they say "Man consists of a body and a soul", then this would not be contradicted by such a phenomenon. For then this would be no (real) human, but something else, something very rare to be sure. But how can one know that it *never* happens? Only, – what would this phenomenon actually look like?

Or is it supposed not to be a phenomenon at all? Should having a soul not be recognizable at all?

Can there be heartlessness that has no expression? Would that be what we call "heartlessness"?

One could also put it this way: How would a human body have to act so that one would not be inclined to speak of inner and outer human states?
Again and again, I think: "like a machine".

Perhaps language, along with tone of voice and the play of features, is the most subtly gradated behaviour of men.

Could the soulless one produce signs of pain? If he only

er nur schriee und sich wände, so könnte man das noch als automatische Reaktion betrachten, wenn er aber das Gesicht schmerzhaft verzöge und leidend aussähe, so hätten wir schon das Gefühl, wir sähen *in ihn hinein*.

Wenn er aber nun immer genau das gleiche leidende Gesicht machte?

Es ist, als würde er durch einen menschlichen Gesichtsausdruck für uns *durchsichtig*.

Wer eine Seele hat, muß des Schmerzes, der Freude, des Kummers etc., etc. fähig sein. Und soll er dazu auch fähig sein zu erinnern, Entschlüsse zu fassen, sich etwas vorzunehmen, so braucht er den sprachlichen Ausdruck.

Es ist nicht so, als hätte ich in mir direkte Evidenz, er für mein Seelisches aber nur indirekte. Sondern er hat dafür Evidenz, ich (aber) nicht.

Sagt man nun aber, diese Evidenz mache das Seelische nur wahrscheinlich, so ist das vieldeutig und kann Wahres und Falsches bedeuten. Und jedenfalls nicht, daß die Evidenz nur erfahrungsmäßig mit dem Seelischen zusammenhängt (wie ein Symptom mit einer Krankheit).

Warum soll man nicht sagen: "Die Evidenz des Seelischen im Andern ist das Äußere"?
Nun gibt es nicht äußere mittelbare und innere unmittelbare Evidenz des Innern.[1]

Und die Evidenz, soweit sie unsicher ist, ist sie es nicht, weil sie nur äußere Evidenz ist.

Daß der Schauspieler den Kummer darstellen kann, zeigt die Unsicherheit der Evidenz, aber daß er den *Kummer* darstellen kann, auch die Realität der Evidenz.

[1] Mehrere Varianten.

screamed and writhed then one could still view this as an automatic reaction, but if he grimaced in pain and had a suffering look, then we would already have the feeling that we were looking *into him*.

But now, what if he always produced exactly the same suffering expression?

It is as if he became *transparent* to us through a human facial expression.

Anyone with a soul must be capable of pain, joy, grief, etc. etc. And if he is also to be capable of memory, of making decisions, of making a plan for something, with this he needs linguistic expression.

It is not as if he had only indirect, while I have internal direct evidence for my mental state. Rather, he has evidence for it, (but) I do not.

But if one now says that this evidence makes the mental only probable, that can have many meanings, and they can be true or false. And it certainly doesn't mean that the evidence is only empirically connected with the mental (like a symptom with an illness).

Why shouldn't one say: "The evidence for the mental in someone else is the outer"?
Well, there is no such thing as outer mediated and inner unmediated evidence for the inner.[1]

And to the extent that the evidence is uncertain, isn't this because it is only outer.

That an actor can represent grief shows the uncertainty of evidence, but that he can represent *grief* also shows the reality of evidence.

[1] Several variants.

N.B.   Nicht das Verhältnis von Innerem zu Äußerem erklärt
die Unsicherheit der Evidenz, sondern umgekehrt ist dies
Verhältnis nur eine bildhafte Darstellung dieser Unsicherheit.

Man kann ja nicht nur Seelisches auf der Bühne darstellen,
es wird uns auch eine Wunde vorgetäuscht, oder ein Berg.
Es ist also nicht das alleinige Charakteristikum des Seelischen, daß es sich schauspielern läßt.[1]

Warum sagen wir: "Ich wußte nicht, was hinter dieser
Stirne vorging", obwohl es uns doch ganz gleichgültig sein
kann, was hinter der Stirne eines Menschen vorgeht. Unsre
Unsicherheit bezieht sich gar nicht auf Vorgänge im Innern;
und bezieht sie sich auf Seelisches, so hat doch das Seelische
seinen Ausdruck im Körperlichen.
Einer Unsicherheit das Innere betreffend entspricht also
eine Unsicherheit über Äußeres.
Wie einer Unsicherheit über die Zahl, die bei einer
Rechnung herauskommt, eine Unsicherheit über das Zahl-
zeichen entspricht, das am Ende der Rechnung stehen wird.

Und das heißt *nicht*, daß sich, allgemein, die Unsicherheit
über etwas Seelisches[2] als Unsicherheit über Äußeres ausdrücken läßt.
Sowie zwar der Gram wesentlich einen Ausdruck in den
Mienen hat, ich aber nicht im Stande sein mag, eine Miene
anders zu beschreiben als durch das Wort "gramvoll".

Könnte Einer vor Gericht aussagen: "Ich weiß, daß er
damals an . . . gedacht hat"? Nun, so eine Aussage könnte
zuge lassen sein, oder auch nicht. Vielleicht würde geurteilt

[1] Var.: "es sich uns vortäuschen läßt."
[2] Var.: "Inneres".

68

It is not the relationship of the inner to the outer that explains the uncertainty of the evidence, but rather the other way around – this relationship is only a picture-like representation of this uncertainty.

It isn't only the mental that is represented to us on the stage; we are also given the illusion of a wound, or a mountain.
Its being portrayable on the stage[1] is not the sole characteristic of the mental.

Why do we say: "I didn't know what went on behind this brow", although it can be of no importance to us whatsoever what goes on behind someone's brow. Our uncertainty doesn't at all refer to what goes on in the inner; and even if it does refer to the mental, the mental finds its expression in the bodily.
So an uncertainty about the outer corresponds to an uncertainty concerning the inner.
Just as an uncertainty about the numeral that will come at the bottom line corresponds to an uncertainty about the number that is the result of a calculation,

And that does *not* mean that in general the uncertainty about something mental[2] can be expressed as uncertainty about the outer.
Just as, to be sure, sorrow in its essence has an expression in one's mien, and yet I still may not be able to describe a mien other than by using the word "sorrowful".

Could someone state in court: "I know that at that time he thought of . . ."? Well, this kind of statement could be admitted or not. Perhaps a judgement would be made that

[1] Var.: "That it can be portrayed to us as an illusion."
[2] Var.: "inner".

werden, daß jemand, der den Angeklagten so viele Jahre kennt, aus seiner Miene etc. entnehmen kann, was er in einem bestimmten Falle denkt. Vielleicht aber würde so eine Aussage in keinem Falle zugelassen, und die Meinung wäre, daß auch keine *Äußerung* des Angeklagten wiedergegeben werden darf, wenn dies nur zur Beschreibung seiner seelischen Vorgänge geschieht.

"Ich kenne mich in diesen Leuten nicht aus." Und wozu wollte ich mich in ihnen auskennen? – Sind es nicht ihre Reaktionen, in denen ich mich nicht auskenne? Die ich z.B. nicht voraussehen kann; die mich immer wieder überraschen?
"Er reagiert scheinbar unlogisch." Und das heißt: inkonsequent.

Kennt man sich in Manchem nicht aus, so bedeutet das, daß man sich in Andern auskennt. Und das wird manchmal so ausgedrückt, man 'könne sich vorstellen', was im Andern vor sich geht. Das klingt also, als ob Wissen, was im Andern vorgeht, ein *Vorstellen* dieses Vorgangs sei. Wenn ich z.B. weiß, daß mich Einer haßt, so fühle ich eine Art Abbild dieses Hasses. Diese Meinung beruht auf einer Menge falscher Ideen. Man gebraucht zwar die Worte "sich den Haß (etc.) eines Andern vorstellen", ja es können dabei auch Vorstellungsbilder mitspielen, oder man macht dabei vielleicht ein dem haßerfüllten ähnliches Gesicht.

Das Sprachspiel ist von vornherein so angelegt, daß ein Vergleich mit andern Sprachspielen einen zu dem Bild 'außen–innen' führen kann. Aber dazu kommt noch die tatsächliche Unsicherheit, die dem Erraten[1] der seelischen Vorgänge des Andern anhaftet. Denn es wäre – wie gesagt – wohl möglich, daß dieses Erkennen viel sicherer wäre, als es ist. Ja daß Verstellung hauptsächlich durch ein *Verstecken*

[1] Var.: "Erkennen".

someone who has known the accused for so many years can deduce from his mien etc. what he thinks in a certain case. But perhaps such a statement wouldn't be admitted at all, and the opinion would be that not even an *utterance* of the accused could be entered as evidence if the only point of doing so is to describe his mental processes.

"I can't figure these people out." And why should I want to? – Isn't it their reactions that I can't figure out? That for instance I cannot foresee; that keep on surprising me?

"He seems to react illogically." And that means: inconsequently.

If one can't figure out some things this means that one can figure out other things. And sometimes that is expressed by saying one 'could imagine' what goes on in someone else. That sounds as if knowing what goes on in someone else is an *imagining* of this process. For instance if I know that someone hates me then I feel a kind of visual image of that hate. This opinion rests on a host of false ideas. To be sure one uses the words "to imagine someone else's hate (etc.)", and indeed image pictures can play a role here, or perhaps one makes a face like one that is filled with hate.

From the outset the language-game is constructed so that a comparison with other language-games can lead to the 'outer–inner' picture. But to this is added the factual uncertainty that is part of guessing[1] someone else's mental processes. For, as has been said, it would be quite possible for this recognizing to be much more certain than it is. Indeed that pretending might take place mainly by *hiding* one's face

[1] Var.: "recognizing".

des Gesichts (z.B.) geschieht. D.h.: Verstellung wäre auch dann möglich, wenn man sein Gesicht nicht verstellen könnte.

Es ist aber *nicht* wahr, daß die Unsicherheit im Erkennen seines Ärgers (z.B.) einfach die Unsicherheit über sein zukünftiges Benehmen ist. Es liegt vielmehr im Begriff eine Unsicherheit der Kriterien. Manchmal ist er also, gleichsam, durchsichtig, manchmal nicht. Und es ist irreführend, wenn man sich den eigentlichen Ärger sozusagen als Gesichtsausdruck eines *inneren* Gesichts denkt, so daß dieser Gesichtsausdruck zwar vollkommen klar definiert ist, und es nur nach dem äußern nicht sicher ist, ob die Seele wirklich diesen Ausdruck hat.

Denn auch wenn er selbst ohne zu lügen sagt, er sei etwas ärgerlich gewesen, so heißt es nicht, daß er damals in sich jenes von uns 'ärgerlich' genanntes Gesicht gesehen habe. Wir haben wieder nur eine Wortreaktion von ihm, und es ist noch gar nicht klar, wie viel die *bedeutet*. Das BILD ist klar, aber nicht seine Anwendung.

Denn auch, wenn ich selbst sage "Ich habe mich etwas über ihn geärgert", —— wie weiß ich die Anwendung dieser Worte so genau? Ist sie denn so klar? Nun, sie sind eben eine Äußerung.

Aber weiß ich etwa nicht genau, was ich mit jener Äußerung meine? "Ich weiß doch genau, welchen Zustand in mir ich so nenne." Das heißt nichts. Ich weiß, wie man das Wort anwendet und manchmal mache ich die Äußerung ohne Bedenken und manchmal zögernd und sage etwa, ich hätte mich nicht '*geradezu* geärgert', oder dergleichen. Aber es ist nicht *diese* Unbestimmtheit, von der ich sprach. Auch dort, wo ich unbedenklich sage, ich hätte mich geärgert, ist darum nicht ausgemacht, wie sicher die weiteren Folgen aus diesem Signal sind.

(for instance). That is: pretending would be possible even if one couldn't put on a false face.

But it is *not* true that uncertainty in recognizing his irritation (for instance) is simply uncertainty about his future behaviour. Rather in the concept there is an uncertainty of criteria. So sometimes he is transparent, as it were, and sometimes he isn't. And it is misleading to think of the real irritation as a facial expression of an *inner* face, so to speak, such that this facial expression is defined completely clearly, and that it is only the outer face that makes it uncertain whether the soul really has this expression.

For even if he himself says without lying that he was a bit irritated, that doesn't mean that he then saw in himself that face that we called 'irritated'. Again we only have a verbal reaction from him, and it is by no means clear how much it *means*. The PICTURE is clear, but not its application.

For even when I myself say "I was a little irritated about him" —— how do I know how to apply these words so precisely? Is it really so clear? Well, they are simply an utterance.

But do I not know exactly what I mean by that utterance? "After all, I know exactly what inner state I am calling that." That means nothing. I know how the word is used, and sometimes I make this utterance unhesitatingly, and sometimes I hesitate and say, for instance, that I wasn't '*exactly* irritated', or some such thing. But it is not *this* indeterminacy I was speaking of. Even where I say without hesitation that I was irritated, that does not establish how certain the further consequences of this signal are.

N.B.   Als ich sagte, es sei eine Unbestimmtheit in der Anwendung, meinte ich nicht, ich wisse nicht recht, wann ich die Äußerung machen solle (wie es etwa wäre, wenn ich nicht gut Deutsch verstünde).

Man darf eben nicht vergessen, *welche* Verbindungen gemacht werden, wenn wir lernen Ausdrücke wie "Ich ärgere mich" zu gebrauchen.

Und denke nicht an ein *Erraten* der richtigen Bedeutung durch das Kind, denn, ob es sie *richtig* erraten hat, muß sich doch wieder in seiner Verwendung der Worte zeigen.

Wir sagen: "Denken wir uns Menschen, welche *dieses* Sprachspiel nicht kennen." Aber damit haben wir noch keine klare Vorstellung vom Leben dieser Menschen, wo es vom unsern abweicht. Wir wissen noch nicht, was wir uns vorzustellen haben; denn das Leben jener Menschen soll ja im übrigen dem unsern entsprechen, und es ist erst zu bestimmen, was wir unter den neuen Umständen ein dem unsern entsprechendes Leben nennen würden.
Ist es nicht, als sagte man: Es gibt Menschen, die ohne den König Schach spielen? Es treten sofort Fragen auf: Wer gewinnt nun, wer verliert, u.a. Du mußt *weitere* Entscheidungen treffen, die du in jener ersten Bestimmung noch nicht vorhersiehst. Wie du ja auch die ursprüngliche Technik nicht übersiehst, nur daß sie dir von Fall zu Fall geläufig ist.[1]

Zur Verstellung gehört auch, daß man Verstellung beim Andern für möglich halte.

[1] Diese Bemerkung und die folgenden Bemerkungen sind in *Bemerkungen über die Farben* (III, §§ 296–350), herausgegeben von G. E. M. Anscombe (Blackwell, 1977), veröffentlicht worden. Wir haben hier eine Bemerkung (Nr. 317, S. 58–59, in *Bemerkungen über die Farben*), die schon in *Vermischte Bemerkungen* gedruckt ist, weggelassen.

When I said that there is an indeterminacy in the application I didn't mean that I didn't really know when I should utter the expression (as it would perhaps be if I didn't understand English well).

One simply mustn't forget *which* connections are made when we learn how to use expressions such as "I am irritated".

And don't think of a child's *guessing* the correct meaning, for whether it guessed it *correctly* must in turn be demonstrated in its use of the words.

We say: "Let's imagine people who do not know *this* language-game." But in doing so we still have no clear conception of the life of these people in so far as it differs from our own. We do not yet know what we are supposed to imagine; for the life of these people is in all other ways to correspond with ours, and it still must be determined what we would call a life corresponding to ours under these new conditions.

Isn't it as if one said: There are people who play chess without the king? Questions immediately arise: Who wins now, who loses, and others. You have to make *further* decisions that you don't anticipate in that first determination. Just as you also don't have an overview of the original technique, and are only familiar with it from case to case.[1]

It is also a part of dissembling to regard others as capable of dissembling.

[1] This and the following remarks have been published in *Remarks on Colour* (III, remarks 296–350), ed. G.E.M. Anscombe (Blackwell, 1977). Here we have omitted one remark (no. 317, pp. 58–9, in *Remarks on Colour*) which has already been published in *Culture and Value*.

N.B.   Wenn Menschen sich so benehmen, daß wir Verstellung vermuten möchten, aber diese Menschen zeigen untereinander kein Mißtrauen, dann ergeben sie doch nicht das Bild von Menschen, die sich verstellen.

'Wir müssen uns immer wieder über diese Leute wundern'.

Wir könnten gewisse Leute auf der Bühne darstellen und ihnen Selbstgespräche (asides) in ihren Mund legen, die sie natürlich im wirklichen Leben nicht aussprächen, die aber doch ihren Gedanken entsprächen. Fremdartige Menschen aber könnten wir so nicht darstellen. Selbst, wenn wir ihre Handlungen voraussehen könnten, könnten wir ihnen keine passenden Selbstgespräche in den Mund legen.
Und doch ist auch in dieser Betrachtungsweise etwas Falsches. Denn Einer könnte, während er handelt, wirklich etwas zu sich selbst sagen, und dies könnte z.B. ganz konventionell sein.

Daß ich eines Menschen Freund sein kann, beruht darauf, daß er die gleichen, oder ähnliche *Möglichkeiten* hat wie ich selbst.

Wäre es richtig zu sagen, in unsern Begriffen spiegle sich unser Leben?
Sie stehen mitten in ihm.

Die Regelmäßigkeit unsrer Sprache durchdringt unser Leben.

Von wem würden wir sagen, er habe unsern Begriff des Schmerzes nicht? Ich könnte annehmen, er kenne Schmerzen nicht, aber ich will annehmen, er kenne sie; er gibt also Schmerzäußerungen von sich und man könnte ihm die Worte "Ich habe Schmerzen" beibringen. Soll er auch fähig sein, sich seiner Schmerzen zu erinnern? – Soll er Schmerz-

If human beings act in such a way that we are inclined to suspect them of dissembling, but they show no mistrust of one another, then this doesn't present a picture of people who dissemble.

'We cannot help but be constantly surprised by these people.'

We could portray certain people on the stage and have them speak in monologues (asides) things that in real life they of course would not say out loud, but which would nevertheless correspond to their thoughts. But we couldn't portray alien humans this way. Even if we could predict their behaviour, we couldn't give them the appropriate asides.
And yet there's also something wrong with this way of looking at it. For someone might actually say something to himself while he was going about doing things, and this could, for example, be quite conventional.

That I can be someone's friend rests on the fact that he has the same *possibilities* as I myself have, or similar ones.

Would it be correct to say our concepts reflect our life? They stand in the middle of it.

The rule-governed nature of our language permeates our life.

Of whom would we say, he doesn't have our concept of pain? I could assume that he knows no pain, but I want to assume that he does know it; we thus assume he gives expressions of pain and we could teach him the words "I have pain". Should he also be capable of remembering his pain? – Should he recognize expressions of pain in others as

äußerungen der Andern als solche erkennen; und wie zeigt sich das? Soll er Mitleid zeigen? – Soll er gespielten Schmerz *als solchen* verstehen?

"Ich weiß nicht, *wie* ärgerlich er war." "Ich weiß nicht, ob er *wirklich* ärgerlich war." – Weiß er's selbst? Nun fragt man ihn, und er sagt "Ja, ich war's".

Was ist denn das: die *Unsicherheit* darüber, ob der Andre ärgerlich war? Ist es ein Zustand der Seele des Unsichern? Warum soll der uns beschäftigen? Sie liegt in dem Gebrauch der Aussage "Er ist ärgerlich".

Aber Einer ist unsicher, der Andre kann sicher sein: er 'kennt den Gesichtsausdruck' dieses Menschen, wenn er ärgerlich ist. Wie lernt er dieses Anzeichen des Ärgers als solches kennen? Das ist nicht leicht zu sagen.

Aber nicht nur: "Was heißt es, über den Zustand des Andern unsicher sein?" – sondern auch: "Was heißt es '*Wissen*, sicher sein, daß jener sich ärgert'?"

Hier könnte man nun fragen, was ich dann eigentlich will, wieweit ich die Grammatik behandeln will.

Es ist etwas gemeinsam der Sicherheit, daß er mich besuchen wird, und der Sicherheit, daß er sich ärgert. Es ist auch etwas dem Tennisspiel und dem Schachspiel gemeinsam, aber niemand würde hier sagen: "Ganz einfach: sie spielen beidemal, nur eben etwas andres." Man sieht in *diesem* Falle die Unähnlichkeit mit "Er ißt einmal einen Apfel, ein andermal eine Birne", während man sie in jenem Fall nicht so leicht sieht.

"Ich weiß, daß er gestern angekommen ist" – "Ich weiß, daß $2 \times 2 = 4$ ist." – "Ich weiß, daß er Schmerzen hatte" – "Ich weiß, daß dort ein Tisch steht."

such; and how is this revealed? Should he show pity? –
Should he understand make-believe pain *as being just that*?

"I don't know *how* irritated he was." "I don't know if he
was *really* irritated." – Does he know himself? Well, we ask
him, and he says, "Yes, I was."

What then is this *uncertainty* about whether the other person was irritated? Is it a mental state of the uncertain person?
Why should we be concerned with that? It lies in the use of
the expression "He is irritated".

But *one* is uncertain, another may be certain: he 'knows
the look on this person's face' when he is irritated. How
does he learn to know this sign of irritation as being such?
That's not easy to say.

But it is not only: "What does it mean to be uncertain
about the state of another person?" – but also: "What does
it mean 'to *know*, to be certain, that this person is irritated'?"

Here it could now be asked what I really want, to what
extent I want to deal with grammar.

The certainty that he will visit me and the certainty that
he is irritated have something in common. The game of
tennis and the game of chess have something in common,
too, but no one would say here: "It is very simple: they play
in both cases, it's just that each time they play something
different." *This* case shows us the dissimilarity to "One time
he eats an apple, another time a pear", while in the other
case it is not so easy to see.

"I know that he arrived yesterday" – "I know that 2 × 2
= 4" – "I know that he had pain" – "I know that there is a
table standing there."

Ich weiß jedesmal, nur immer etwas anderes? *Freilich*, – aber die Sprachspiele sind weit verschiedener, als (es) uns bei diesen Sätzen zu Bewußtsein kommt.

"Die Welt der physikalischen Gegenstände und die Welt des Bewußtseins." Was weiß ich von *dieser*? Was mich meine Sinne lehren? Also, wie das ist, wenn man sieht, hört, fühlt, etc. etc. – Aber lerne ich das wirklich? Oder lerne ich, wie das ist, wenn *ich jetzt* sehe, höre, etc. und *glaube*, daß es auch früher so war?

Was ist eigentlich die '*Welt*' des Bewußtseins? Da möchte ich sagen: "Was in meinem Geist vorgeht, jetzt in ihm vorgeht, was ich sehe, höre, . . ." Könnten wir das nicht vereinfachen und sagen: "Was ich jetzt sehe." –

Die Frage ist offenbar: Wie 'vergleichen' wir physikalische Gegenstände – wie Erlebnisse?

Was ist eigentlich die 'Welt des Bewußtseins'? – Was in meinem Bewußtsein ist: was ich jetzt sehe, höre, fühle . . . Und was, z.B., sehe ich jetzt? Darauf kann die Antwort nicht sein: "Nun, *alles das*", mit einer umfassenden Gebärde.

Ich beobachte diesen Fleck. "Jetzt ist er *so*" – dabei zeige ich etwa auf ein Bild. Ich mag ständig das gleiche *beobachten*, und was ich *sehe* mag dabei gleichbleiben, oder sich verändern. Was ich beobachte und was ich sehe hat nicht die gleiche (Art der) Identität. Denn die Worte "dieser Fleck" z.B. lassen die (Art der) Identität, die ich meine, nicht erkennen.

"Die Psychologie beschreibt die Phänomene der Farbenblindheit und auch des normalen Sehens." Was sind die 'Phänomene der Farbenblindheit'? Doch die Reaktionen des Farbenblinden, durch die er sich vom Normalen unterscheidet. Doch nicht *alle* Reaktionen des Farbenblinden, z.B. auch die, durch welche er sich vom Blinden unterscheidet. ——

In each case I know, it's only that it's always something N.R. different? *Oh yes*, – but the language-games are far more different than these sentences make us conscious of.

"The world of physical objects and the world of consciousness." What do I know of *the latter*? What my senses teach me? That is how it is, if one sees, hears, feels, etc. etc. – But do I really learn that? Or do I learn what it's like when *I now* see, hear, etc., and I *believe* that it was also like this before?

What actually is the '*world*' of consciousness? There I'd like to say: "What goes on in my mind, what's going on in it now, what I see, hear, . . ." Couldn't we simplify that and say: "What I am now seeing." –

The question is clearly: How do we 'compare' physical objects – how do we compare experiences?

What actually is the 'world of consciousness'? – That which is in my consciousness: what I am now seeing, hearing, feeling   – And what, for example, am I now seeing? The answer to that cannot be: "Well, *all that*", accompanied by a sweeping gesture.

I observe this patch. "Now it is like *so*" – and simultaneously I point, for example, to a picture. I may constantly *observe* the same thing and what I *see* may then remain the same, or it may change. What I observe and what I see do not have the same (kind of) identity. Because the words "this patch", for example, do not allow us to recognize the (kind of) identity I mean.

"Psychology describes the phenomena of colour-blindness as well as those of normal sight." What are the 'phenomena of colour-blindness'? Certainly the reactions of the colour-blind person which differentiate him from the normal person. But certainly not *all* of the colour-blind person's reactions, for example not those that distinguish him from a

74e

Kann ich den Blinden lehren, was Sehen ist, oder kann ich den Sehenden dies lehren? Das heißt nichts. Was heißt es denn: das *Sehen* zu beschreiben? Aber ich kann Menschen die Bedeutung der Worte "blind" und "sehend" lehren, und zwar lernt sie der Sehende, wie der Blinde. Weiß denn der Blinde, wie das ist, wenn man sieht? Aber weiß es der Sehende? Weiß er auch, wie es ist, Bewußtsein zu haben?

Aber kann nicht der Psychologe den Unterschied zwischen dem Benehmen des Sehenden und des Blinden beobachten? (Der Meteorologe den Unterschied zwischen Regen und Trockenheit?) Man könnte doch z. B. den Unterschied des Benehmens beobachten von Ratten, denen man die Barthaare genommen hat, und von unverstümmelten. Und das könnte man nennen die Rolle dieses Tastapparates zu beschreiben. – Das Leben der Blinden ist anders als das Leben der Sehenden.

Der Normale kann z. B. erlernen, nach Diktat schreiben. Was ist das? Nun, der Eine spricht, der Andre schreibt, was jener spricht. Sagt er z. B. den Laut *a*, so schreibt der Andre das Zeichen "a" etc. – Muß nun nicht, wer diese Erklärung *versteht*, das Spiel entweder schon gekannt haben, nur vielleicht nicht unter diesem Namen, – oder es durch die Beschreibung gelernt haben? Aber Karl der Große hat gewiß das Prinzip des Schreibens verstanden, und doch nicht schreiben lernen können.[1] So kann also auch der die Beschreibung der Technik verstehen, der diese nicht erlernen kann. Aber es gibt eben zwei Fälle des Nicht-erlernen-könnens. Im einen erlangen wir bloß eine Fertigkeit nicht, im andern fehlt uns das Verständnis. Man kann Einem ein Spiel *erklären*: Er mag diese Erklärung verstehen, aber das Spiel nicht erlernen können, oder unfähig sein, eine Erklärung des Spiels zu verstehen. Es ist aber auch das Umgekehrte denkbar.

"Du siehst den Baum, der Blinde sieht ihn nicht." Das müßte ich einem Sehenden sagen. Und also einem Blinden:

[1] S. *Vermischte Bemerkungen*, zweite Ausgabe, S. 144.

blind person. —— Can I teach the blind what seeing is, or can I teach this to the sighted? That doesn't mean anything. Then what does it mean: to describe *seeing*? But I can teach human beings the meaning of the words "blind" and "sighted", and indeed the sighted learn them, just as the blind do. Then do the blind know what it is like to see? But do the sighted know? Do they also know what it's like to have consciousness?

But can't psychologists observe the difference between the behaviour of the sighted and the blind? (Meteorologists the difference between rain and drought?) We certainly could, for example, observe the difference between the behaviour of rats whose whiskers had been removed and of those which were not mutilated in this way. And we could call that describing the role of this tactile apparatus. – The lives of the blind are different from those of the sighted.

The normal person can, for instance, learn to take dictation. What is that? Well, one person speaks and the other writes down what he says. Thus, if he says, for example, the sound *a*, the other writes the symbol "a", etc. – Now mustn't someone who *understands* this explanation either already have known the game, only perhaps not by this name, – or have learned it from the description? But Charlemagne certainly understood the principle of writing and still couldn't learn to write.[1] Someone can thus also understand the description of a technique yet not be able to learn it. But there are two cases of not-being-able-to-learn. In the one case we merely fail to gain a certain skill, in the other we lack comprehension. We can *explain* a game to someone: He may understand this explanation, but not be able to learn the game, or he may be incapable of understanding an explanation of the game. But the opposite is conceivable as well.

"You see the tree, the blind do not see it." This is what I would have to say to a sighted person. And so do I have

[1] See *Culture and Value*, 2nd edn, p. 75.

"Du siehst den Baum nicht, wir sehen ihn"? Wie wäre das, wenn der Blinde zu sehen glaubte, oder ich glaubte, ich könne nicht sehen?

Ist es ein Phänomen, daß ich den Baum sehe? Es ist eins, daß ich dies richtig als Baum erkenne, daß ich nicht blind bin.

"Ich sehe einen Baum" als Äußerung des visuellen Eindrucks, ist es die Beschreibung eines Phänomens? *Welches* Phänomens? Wie kann ich Einem dies erklären?

Und ist es nicht doch für den Andern ein Phänomen, daß *ich* diesen Gesichtseindruck habe? Denn es ist etwas, was er beobachtet, aber nicht etwas, was ich beobachte.

Die Worte "Ich sehe einen Baum" sind nicht die Beschreibung eines Phänomens. (Ich könnte z.B. nicht sagen "Ich sehe einen Baum! wie merkwürdig!", wohl aber: "Ich sehe einen Baum, obwohl keiner da ist! Wie merkwürdig!")

Oder soll ich sagen: "Der Eindruck ist kein Phänomen; daß L.W. diesen Eindruck hat, ist eins"?

(Man könnte sich denken, daß Einer den Eindruck, gleichsam wie einen Traum, vor sich hin spricht, ohne das Pronomen der ersten Person.)

Beobachten ist nicht das gleiche wie betrachten, oder anblicken.

"Betrachte diese Farbe und sag, woran sie dich erinnert." Ändert sich die Farbe, so betrachtest du nicht mehr die, welche ich meinte.

Man beobachtet, um zu sehen, was man nicht sähe, wenn man nicht beobachtete.

Man sagt etwa: "Betrachte diese Farbe für einige Zeit." Das tut man aber nicht, um mehr zu *sehen*, als man auf den ersten Blick gesehen hätte.

to say to the blind: "You do not see the tree, we see it"? What would it be like for the blind man to believe that he saw, or for me to believe I couldn't see?

Is it a phenomenon that I see the tree? It is one that I correctly recognize this as a tree, that I am not blind.

"I see a tree", as the expression of the visual impression – is this the description of a phenomenon? Of *what* phenomenon? How can I explain this to someone?

And yet isn't the fact that *I* have this visual impression a phenomenon for someone else? Because it is something that he observes, but not something that I observe.

The words "I am seeing a tree" are not the description of a phenomenon. (I couldn't say, for example, "I am seeing a tree! How strange!", but I could say: "I am seeing a tree, although there's no tree there. How strange!")

Or should I say: "The impression is not a phenomenon; but that L.W. has this impression is one"?

(We could imagine someone talking to himself describing the impression as one does a dream, without using the first person pronoun.)

To observe is not the same thing as to look at or to view.

"Look at this colour and say what it reminds you of." If the colour changes you are no longer looking at the one I meant.

One observes in order to see what one would not see if one did not observe.

We say, for example "Look at this colour for a while." But we don't do that in order to *see* more than we would have seen at first glance.

N.B.   Könnte in einer "Psychologie" der Satz stehen: "Es gibt Menschen, welche *sehen*"?

Nun, wäre das falsch? – Aber wem wird hier etwas mitgeteilt? (Und ich meine nicht nur: was mitgeteilt wird, sei schon längst bekannt.)

Ist mir bekannt, daß ich sehe?

Man könnte sagen wollen: Wenn es solche Menschen nicht gäbe, so auch den Begriff des *Sehens* nicht. – Aber könnten nicht Marsbewohner so etwas sagen? Sie haben etwa durch Zufall zuerst lauter Blinde bei uns kennen gelernt.

Und wie kann es unsinnig sein, zu sagen "Es gibt Menschen, welche sehen", wenn es nicht unsinnig ist, zu sagen, es gibt Menschen, welche blind sind?

Aber der Sinn des Satzes "Es gibt Menschen, welche sehen", d.h. seine mögliche Verwendung, ist jedenfalls nicht sogleich klar.

Könnte das Sehen nicht *Ausnahme* sein? Aber *beschreiben* könnten es weder die Blinden, noch die Sehenden, es sei denn als Fähigkeit, das und das zu tun. Z.B. auch, gewisse Sprachspiele zu spielen; aber da muß man achtgeben, wie man diese Sprachspiele beschreibt.

Sagt man "Es gibt Menschen, welche sehen", so folgt die Frage: "Und was *ist* 'sehen'?" Und wie soll man sie beantworten? Indem man dem Fragenden den Gebrauch des Wortes "sehen" beibringt?

Wie wäre es mit dieser Erklärung: "Es gibt Menschen, die sich benehmen wie du und ich, und nicht wie dieser da, der Blinde"?

"Du kannst, mit offenen Augen, über die Straße gehen, ohne überfahren zu werden, etc."

Could a "Psychology" contain the sentence: "There are   N.R.
human beings who *see*"?

Well, would that be false? – But to whom would this
communicate anything? (And I don't just mean: what is
being communicated is a long-familiar fact.)

Is it a familar fact to me that I see?

We might want to say: If there were no such humans,
then we wouldn't have the concept of *seeing*. – But couldn't
Martians say something like this? Say by chance the first
humans they met were all blind.

And how can it be meaningless to say "There are humans
who see", if it is not meaningless to say there are humans
who are blind?
But the meaning of the sentence "There are humans who
see", i.e. its possible use, is not immediately clear at any
rate.

Couldn't seeing be the *exception*? But neither the blind nor
the sighted could *describe* it, except as an ability to do this
or that. Including e.g. to play certain language-games; but
there we must be careful how we describe these games.

If we say "There are humans who see", the question
follows: "And what *is* 'seeing'?" And how should we answer
it? By teaching the questioner the use of the word "see"?

How about this explanation: "There are people who
behave like you and me, and not like that man over there,
the blind one"?

"With your eyes open, you can cross the street and not
be run over, etc."

77e

N.B. Die Logik der *Mitteilung*.

Damit, daß ein Satz von der Form einer Mitteilung eine Verwendung hat, ist noch nichts über die *Art* seiner Verwendung gesagt.

Kann der Psychologe mir mitteilen, was Sehen ist? Was *nennt* man "mitteilen, was Sehen ist"?
Nicht der Psychologe lehrt mich den Gebrauch des Wortes "sehen".

Wenn der Psychologe uns mitteilt "Es gibt Menschen, welche sehen", so können wir ihn fragen "Und was nennst du 'Menschen, welche sehen'?" Darauf wäre die Antwort von der Art "Menschen, die unter den und den Umständen so und so reagieren, sich so und so benehmen". "Sehen" wäre ein Fachwort des Psychologen, das er uns erklärt. Sehen ist dann etwas, was er an den Menschen beobachtet hat.

Wir lernen die Ausdrücke "ich sehe . . .", "er sieht . . ." etc. gebrauchen, ehe wir zwischen Sehen und Blindheit unterscheiden lernen.

"Es gibt Menschen, welche reden können.", "Ich kann einen Satz sagen.", "Ich kann das Wort 'Satz' aussprechen.", "Wie du siehst, bin ich wach.", "Ich bin hier."

Es gibt doch eine Belehrung darüber, unter welchen Umständen ein gewisser Satz eine Mitteilung sein kann. Wie soll ich diese Belehrung nennen?

Kann man sagen, ich habe *beobachtet*, daß ich und Andre mit offenen Augen gehen können, ohne anzustoßen, und daß wir's mit geschlossenen Augen nicht können?

78

To say that a sentence which has the form of information has a use, is not yet to say anything about the *kind* of use it has.

Can the psychologist inform me what seeing is? What do we *call* "informing someone what seeing is"?
It is not the psychologist who teaches me the use of the word "seeing".

If the psychologist informs us "There are people who see", we could ask him "And what do you call 'people who see'?" The answer to that would be of the sort "Human beings who react so-and-so, and behave so-and-so under such-and-such circumstances". "Seeing" would be a technical term of the psychologist, which he explains to us. Seeing is then something which he has observed in human beings.

We learn to use the expressions "I see . . .", "he sees . . .", etc., before we learn to distinguish between seeing and blindness.

"There are people who can talk", "I can say a sentence", "I can pronounce the word 'sentence'", "As you see, I am awake", "I am here".

There is surely such a thing as instruction in the circumstances under which a certain sentence can be a piece of information. What should I call this instruction?

Can I be said to have *observed* that I and other people can go around with our eyes open and not bump into things and that we can't do this with our eyes closed?

N.B. Wenn ich Einem mitteile, ich sei nicht blind, ist das eine Beobachtung? Ich kann ihn jedenfalls durch mein Benehmen davon überzeugen.

Ein Blinder könnte leicht herausfinden, ob auch ich blind sei; indem er z.B. eine bestimmte Handbewegung macht und mich fragt, was er getan hat.

Können wir uns nicht einen blinden Volksstamm denken? Könnte er nicht unter besondern Bedingungen lebensfähig sein? Und könnte es nicht als Ausnahme Sehende geben?

Angenommen, ein Blinder sagte zu mir: "Du kannst gehen, ohne irgendwo anzustoßen, ich kann es nicht" – wäre der erste Teil des Satzes eine Mitteilung?

Nun, er sagt mir nichts Neues.

Es scheint Sätze zu geben, die den Charakter von Erfahrungssätzen haben, deren Wahrheit aber für mich unanfechtbar ist. D.h., wenn ich annehme, daß sie falsch sind, muß ich allen meinen Urteilen mißtrauen.

Es gibt jedenfalls Irrtümer, die ich als gewöhnliche hinnehme, und solche, die andern Charakter haben, und von meinen übrigen Urteilen als eine vorübergehende *Verwirrung* abgekapselt werden müssen. Aber gibt es nicht auch Übergänge zwischen diesen beiden?

Wenn man den Begriff des Wissens in diese Untersuchung bringt, so nützt das nichts; denn Wissen ist nicht ein psychologischer Zustand, durch dessen Besonderheiten sich nun allerlei erklärt. Die besondere Logik des Begriffs "wissen" ist vielmehr nicht die des psychologischen Zustands.

When I tell someone I am not blind, is that an observation? N.R.
I can, in any case, convince him of it by my behaviour.

A blind man could easily find out whether I am blind too;
by, for example, making a certain gesture with his hand,
and asking me what he did.

Couldn't we imagine a tribe of blind people? Couldn't it
be capable of surviving under certain circumstances? And
couldn't sighted people occur as exceptions?

Suppose a blind man said to me: "You can go about
without bumping into anything, I can't" – would the first
part of that sentence transmit a piece of information?

Well, he's not telling me anything new.

There seem to be propositions that have the character of
experiential propositions, but whose truth is unassailable for
me. That is to say, if I assume that they are false, I must
mistrust all my judgements

There are, in any case, errors which I take to be common-
place and others that have a different character and which
must be set completely apart from the rest of my judgements
as temporary *confusions*. But aren't there transitional cases
between these two?

If we introduce the concept of knowing into this investi-
gation, it will be of no help; because knowing is not a
psychological state whose special characteristics explain all
kinds of things. On the contrary, the special logic of the
concept "knowing" is not that of a psychological state.

79e

V

MS 174

(1950)

Die Schmerzäußerung ist nicht gleichermaßen mit dem Schmerz und mit der Verstellung verbunden.

Sich Verstellen ist nicht ein so einfacher Begriff wie Schmerzen haben. [Vgl. *LS* I, 876]

Bedenke, daß du das Kind den *Begriff lehren* mußt. Also mußt du es das Spiel der Evidenz lehren.

Daß unsre Evidenz das Erlebnis des Andern nur wahrscheinlich macht, das führt uns nicht weit; wohl aber, daß dies schwer beschreibbare Muster unserer Erfahrung für uns eine wichtige Evidenz ist.[1]

Daß dies Schwankende ein wichtiger Teil unsres Lebens ist.
Wie aber kann man dann überhaupt sagen, es sei etwas *Schwankendes*? Woran messe ich sein Schwanken? Nun, es gibt unzählige Gestalten des Lächelns, z.B. Und Lächeln, welches ein Lächeln ist, und Lächeln, welches keins ist.

Wovon nehmen wir im Leben Notiz? – ". . . Da lächelte er." – das kann unendlich wichtig sein. Aber *muß* denn eine kleine Verziehung des Gesichts wichtig sein? Und muß sie's uns durch die wahrscheinlichen praktischen Folgen sein?

"Was in mir vorgeht, *kann* er nicht wissen." Er kann's aber doch vermuten. Also kann er's nur nicht *wissen*. Also machen wir nur eine Unterscheidung im Gebrauch des Wortes "wissen".

Sagt aber der Astronom, der eine Mondesfinsternis berechnet: man könne die Zukunft natürlich nicht *wissen*? Wir drücken uns so aus, wenn wir uns über die Zukunft unsicher fühlen. Der Landmann sagt es übers Wetter; aber

[1] Datum dieser Bemerkung: 24.4.50.

The utterance of pain is not connected equally with pain and with pretence.

Pretending is not as simple a concept as being in pain. [Cf. *LW* I, 876]

Remember that you have to *teach* a child the *concept*. Therefore you have to teach it the game of evidence.

That our evidence makes someone else's experience only probable doesn't take us far; but that this pattern of our experience that is hard to describe is an important piece of evidence for us does.[1]

That this fluctuation is an important part of our life.
But how can one say at all that it is something *fluctuating*? Against what do I measure its fluctuation? Well, there are countless configurations of smiling, for instance. And smiling that is smiling, and smiling that is not.

What do we take note of in life? – ". . . He smiled at that point." – that can be infinitely important. But does a small distortion of the face *have* to be important? And does it have to be so for us because of the probable practical consequences?

"He *cannot* know what's going on within me." But he can surmise it. So the only thing he can't do is *know* it. Therefore we are only making a distinction in the use of the word "know".

But does an astronomer who calculates a lunar eclipse say that of course one cannot *know* the future? We express ourselves in this way when we feel uncertain about the future. The farmer says it about the weather; but the carp-

---

[1] This remark is dated 24.4.50.

der Tischler (sagt) nicht, man könne nicht wissen, ob seine Sessel nicht zusammenbrechen werden.

"Ich weiß, daß er sich gefreut hat, mich zu sehen." *Was* weiß ich? Welche Konsequenzen hat die Tatsache? Ich fühle mich sicher in meinem Umgang zu ihm. Aber ist das ein Wissen?

Was ist aber der Unterschied zwischen Vermuten und Wissen, daß er sich gefreut hat?

Wenn ich's weiß, so werde ich's ohne Zeichen des Zweifels behaupten; und Andre werden diese Aussage verstehen. Nun ja, sie hat ja gewisse praktische Folgen, es läßt sich zur Not etwas aus ihr folgern, aber das scheint nur ihr Schatten zu sein.

Was ist das Interesse seines inneren Zustandes der Freude?

Wenn ich glaube, er habe sich gefreut, und lerne später, daß es nicht so war, welche Folgen hat *das*?

Welchen Unterschied macht es, wenn ich erst glaube, er habe sich gefreut und dann einsehe, daß es nicht wahr war?

Wir möchten alles in sein Inneres projizieren. *Dies* sei, um was es sich handle.

Denn so entgehen wir der Schwierigkeit, das *Feld* des Satzes zu beschreiben.[1]

Es ist genau so, wie wenn man sagt: "Das Benzol hat die Struktur ⬡ " heiße: die Atome seien *so* angeordnet.

Warum sage ich aber, ich 'projiziere' alles in's Innere? Liegt es nicht im Innern? Es *liegt* nicht im Innern, es *ist* das Innere. Und das ist nur eine *oberflächliche* logische Einordnung und nicht die Beschreibung, die wir bedürfen.

[1] Var.: "vom *Feld* der Aussage Rechenschaft zu geben."

enter doesn't (say) that one cannot know whether his chairs will collapse.

"I know that he was glad to see me." *What* do I know? What consequences does this fact have? I feel certain in my dealings with him. But is that knowing?

But what is the difference between surmising and knowing that he was glad?

If I know it I'll assert it without signs of doubt, and others will understand this statement. Well yes, it does have certain practical consequences; in a pinch something can be deduced from it, but that seems merely to be its shadow.

What is the interest of his inner state of gladness?

If I believe that he was glad and find out later that this was not so, what consequences does *that* have?

What difference does it make if at first I believe that he was glad and then realize that it wasn't true?

We would like to project everything into his inner. We would like to say that *that's* what it's all about.

For in this way we evade the difficulty of describing the *field* of the sentence.[1]

It's exactly as if one said that "Benzene has the structure ⌬" means: the atoms are arranged *in this way*.

But why do I say that I 'project' everything into the inner? Doesn't it reside in the inner? No. It doesn't *reside* in the inner, it *is* the inner. And that is only a *superficial* logical classification and not the description we need.

[1] Var.: "to give an account of the *field* of the statement."

N.B.   Wir 'projizieren' nichts in sein Inneres; wir geben nur eine Erklärung, die uns nicht weiterführt.

Denk dir, die Seele wäre ein Gesicht, und wenn Einer sich freut, so lächelt dieses verborgene Gesicht. Laß es so sein, – aber nun wollen wir doch wissen, welche Wichtigkeit dies Lächeln (oder welcher Gesichtsausdruck immer) hat.

Ja, dies könnte sogar unser gewöhnlicher Ausdruck sein: "Sein inneres Gesicht hat gelächelt, wie er mich gesehen hat" etc.

Erste Frage: Wie weiß man, wie beurteilt man, ob sein inneres Gesicht lächelt? Zweite Frage: Welche Wichtigkeit hat es? —— Aber die beiden hängen zusammen. Und man könnte eine *andere*, wenngleich verwandte, Frage so stellen: Welche Wichtigkeit hat sein – *äußeres* – Lächeln? Denn, ist das innere von Wichtigkeit, so muß es – in einer (etwas) andern Art – auch das äußere sein.

(Einzusehen, daß meine Manipulationen gerechtfertigt sind, ist nicht leicht.)

Wenn aber nun "Ich weiß, daß er sich gefreut hat" *gewiß nicht* heißt: Ich weiß, daß er gelächelt hat, so ist es etwas anderes, was ich weiß und worauf es hier ankommt.

Denn das innere Lächeln könnte sogar unter Umständen ein äußeres ersetzen, und es bliebe (noch immer) die Frage nach der *Bedeutung* unbeantwortet.

"Ich bin sicher, daß er sich gefreut hat mich zu sehen", das könnte in einem Gerichtssaal ausgesagt werden. Hier sind die möglichen 'praktischen' Folgen klar. Und ebenso auch, wenn die Aussage wäre "Ich bin sicher, er hat sich nicht gefreut, sich aber verstellt". Anderes ist von dem zu erwarten, der sich freut und von dem, der Freude heuchelt.

83

We 'project' nothing into his inner; we just give an explanation that doesn't get us any further.

Imagine that the soul is a face, and when someone is glad this hidden face smiles. Let it be this way – but now we still want to know what importance this smile (or whatever the facial expression is) has.

Indeed this could even be our regular expression: "His inner face smiled when he saw me", etc.

First question: How does one know, how does one judge, whether his inner face is smiling? Second question: What importance does it have? —— But both are connected. And one could ask *another*, although related, question: What importance does his – *outer* – smile have? For if the inner is of importance, then – in a (somewhat) different way – so must the outer be.

(It is not easy to realize that my manipulations are justified.)

But if "I know that he was glad" *certainly* does *not* mean: I know that he smiled, then it is something else that I know and that is important here.

For under certain circumstances the inner smile could replace an outer one, and the question about the *meaning* would (still) remain unanswered.

"I'm certain that he was glad to see me"; this could be stated in a court of law. Here the possible 'practical' consequences are clear. And this would be equally the case if the statement were "I am certain that he was not happy, but that he was pretending". One thing is to be expected of someone who is glad, another of him who feigns gladness.

N.B.   Liegt mir aber deshalb daran, daß der Andre sich wirklich freut mich zu sehen, weil es andere Folgen hat? Ich fühle mich wohl, wenn *dieser* Mensch (mit *dieser* Vergangenheit etc.) sich *so* benimmt. Und das 'so' ist freilich ein sehr kompliziertes Muster.

Wenn man philosophische Probleme nicht LÖSEN will, – warum gibt man es nicht auf, sich mit ihnen zu beschäftigen. Denn sie lösen heißt seinen Standpunkt, die alte Denkweise ändern. Und willst du das nicht, so solltest du die Probleme für unlösbar halten.

Es wird immer vorausgesetzt, daß der Lächelnde ein Mensch *ist*, nicht nur daß, was lächelt, ein menschlicher Körper ist. Es werden auch bestimmte Umstände vorausgesetzt und Zusammenhänge des Lächelns mit andern Formen des Benehmens. Aber wenn alles das vorausgesetzt ist, ist mir das Lächeln des Andern angenehm.

Wenn ich jemand auf der Straße nach dem Weg frage, so ist mir eine freundliche Antwort lieber als eine unfreundliche. Ich reagiere unmittelbar auf das Benehmen des Andern. Das *Innere* setze ich voraus, insofern ich einen *Menschen* voraussetze.

Das 'Innere' ist eine Täuschung. D.h.: Der ganze Ideenkomplex, auf den mit diesem Wort angespielt wird, ist wie ein gemalter Vorhang vor die Szene der eigentlichen Wortverwendung gezogen.

Mir scheint: wenn man nicht eigentlich *wissen* kann, ob sich jemand ärgert (z.B.), dann kann man es auch nicht eigentlich glauben, oder vermuten.

Ist es nicht wahr, daß, wessen ich 'sicher sein' kann, das kann ich auch 'wissen'?

Wäre es nicht lächerlich, wenn ein Anwalt im Gerichtssaal

84

But is the fact that someone else is really glad to see me
important to me because it has different consequences? I am
comfortable when *this* person (with *this* past etc.) behaves *in
this way*. And the '*in this way*' is a very complicated pattern,
to be sure.

If one doesn't want to SOLVE philosophical problems –
why doesn't one give up dealing with them. For solving
them means changing one's point of view, the old way of
thinking. And if you don't want that, then you should
consider the problems unsolvable.

It's always presupposed that the one who smiles *is* a human
being and not just that what smiles is a human body. Certain
circumstances and connections of smiling with other forms
of behaviour are also presupposed. But when all that has
been presupposed someone else's smile is pleasing to me.

If I ask someone on the street for directions then I prefer
a friendly answer to an unfriendly one. I react immediately
to someone else's behaviour. I presuppose the *inner* in so far
as I presuppose a *human being*.

The 'inner' is a delusion. That is: the whole complex of
ideas alluded to by this word is like a painted curtain drawn
in front of the scene of the actual word use.

It seems to me: if one can't really *know* whether someone
is (for instance) irritated, then one also cannot really believe
or surmise it.

Isn't it true that whatever I can 'be certain of' I can also
'know'?

Wouldn't it be ridiculous if a lawyer in court were to say

sagte, der Zeuge könne nicht *wissen*, daß Einer zornig gewesen ist, weil Zorn etwas Inneres sei? – Dann kann man auch nicht wissen, ob Hängen eine Strafe ist.

Wer sagt "*das* kann man nicht wissen", macht eine Unterscheidung zwischen Sprachspielen. Er sagt: In *solchen* Sprachspielen gibt es ein Wissen, in *solchen* nicht. Und damit schränkt er den Begriff 'wissen' ein.

Diese Einschränkung könnte nützlich sein, wenn sie einen wichtigen Unterschied betont, den unser gewöhnlicher Sprachgebrauch übergeht. Aber ich glaube, so ist es nicht.

Aber ist denn die mathematische Gewißheit nicht größer als jede physikalische, und schon erst recht als die Sicherheit darüber, was der Andre fühlt?

Und kann man nicht die größere Gewißheit der Mathematik eben so ausdrücken: In der Mathematik gäbe es ein Wissen?

In der Mathematik läßt eine bestimmte klar angebbare Evidenz keinen Zweifel offen. So ist es nicht, wenn wir wissen, jemand habe sich gefreut.

Ob eine Rechnung das oder jenes ergibt, darüber kann es im Gerichtssaal nicht lange zum Streite kommen; wohl aber darüber, ob Einer ärgerlich war oder nicht.

Aber folgt daraus, daß man das eine wissen, das andere nicht wissen kann? Eher noch, daß man im einen Fall die Entscheidung so gut wie immer weiß, im andern sie *oft* nicht weiß.

Wenn man sagt, man weiß nie, ob der Andre wirklich so und so gefühlt hat, dann nicht, weil er vielleicht in Wirklichkeit doch anders gefühlt hat, sondern weil sozusagen auch Gott nicht *wissen* kann, daß der Mensch so gefühlt hat.

that a witness couldn't *know* that someone had been angry, because anger is something inner? – Then one also cannot know whether hanging is punishment.

Whoever says "one cannot know *that*" makes a distinction between language-games. He says: In *such* language-games knowing exists, in *such* it doesn't, and in doing so he limits the concept 'knowing'.

This limitation could be useful if it emphasizes an important difference that is passed over by our ordinary use of language. But I believe that that is not the way it is.

But isn't mathematical certainty greater than any physical certainty, to say nothing of the certainty about what someone else feels?

And can't the greater certainty of mathematics simply be expressed this way: There is knowing in mathematics?

In mathematics a particular kind of evidence that can be clearly presented leaves no doubt open. That is not the way it is when we know that someone was glad.

There can't be a long dispute in a court of law about whether a calculation has this or that result; but there certainly can be about whether someone was irritated or not.

But does it follow that one can know the one and not know the other? More likely what follows is that in the one case one almost always knows the decision, in the other, one *frequently* doesn't.

If one says that one never knows whether someone else really felt this way or that, then that is not because perhaps after all he really felt differently, but because even God so to speak cannot *know* that the person felt that way.

N.B. Ich bin z.B. überzeugt, daß mein Freund sich gefreut hat mich zu sehen. Nun aber sage ich mir, indem ich philosophiere, es könnte ja doch anders sein; vielleicht stellte er sich nur so. Aber sogleich sage ich mir, daß, auch wenn er dies selbst zugäbe, ich durchaus nicht sicher wäre, daß er sich nicht irrt, daß er sich selbst kennt. Es ist also im ganzen Spiel eine Unbestimmtheit.

Man könnte sagen: In einem Spiel, in dem die Regeln unbestimmt sind, *kann* man nicht wissen, wer gewonnen und wer verloren hat.

Es gibt ein 'warum', worauf die Antwort keine Vorhersagen zuläßt. So ist es z.B. mit animistischen Erklärungen. Viele von Freuds Erklärungen, oder Goethes in der Farbenlehre, sind von dieser Art. Die Erklärung gibt uns eine Analogie. Und nun ist die Erscheinung nicht mehr allein, sie ist mit andern verbunden, und wir fühlen uns beruhigt.

Wenn Einer 'Freundschaft heuchelt und endlich seine wahren Gefühle zeigt, oder gesteht', denken wir für gewöhnlich nicht daran, nun dies Geständnis[1] in Zweifel zu ziehen und auch hier zu sagen, wir könnten nicht wissen, was wirklich in ihm vorgeht. Vielmehr scheint jetzt *Sicherheit* erreicht.

Wichtig ist dies: Ich mag aus gewissen Anzeichen und der Kenntnis einer Person, wissen, daß dieser Mensch sich freut, etc. Aber einem Dritten kann ich nicht meine Beobachtungen beschreiben und, wenn er diesen traut, ihn dadurch von der Echtheit jener Freude etc. überzeugen.

Man sagt von einer Gefühlsäußerung "Sie sieht echt aus". Und welchen Sinn hätte das, wenn es nicht *überzeugende* Kriterien der Echtheit gäbe? "Das scheint echt" hat nur Sinn, wenn es ein "Das ist echt" gibt.

[1] Var.: "diese Evidenz".

I am for instance convinced that my friend was glad to see me. But now, in philosophizing, I say to myself that it could after all be otherwise; maybe he was just pretending. But then I immediately say to myself that, even if he himself were to admit this, I wouldn't be at all certain that he isn't mistaken in thinking that he knows himself. Thus there is an indeterminacy in the entire game.

One could say: In a game in which the rules are indeterminate one *cannot* know who has won and who has lost.

There is a 'why' to which the answer permits no predictions. That's the way it is with animistic explanations, for instance. Many of Freud's explanations, or those of Goethe in his theory of colours, are of this kind. The explanation gives us an analogy. And now the phenomenon no longer stands alone; it is connected with others, and we feel reassured.

If someone 'pretends friendship and then finally shows his true feelings, or confesses', we normally don't think of doubting this confession[1] in turn, and of also saying that we cannot know what's really going on inside him. Rather, *certainty* now seems to be achieved.

This is important: I might know from certain signs and from my knowledge of a person that he is glad, etc. But I cannot describe my observations to a third person and – even if he trusts them – thereby convince him of the genuineness of that gladness, etc.

One says of an expression of feeling: "It looks genuine". And what meaning would that have were there not *convincing* criteria for genuineness? "That seems genuine" only makes sense if there is a "That is genuine".

[1] Var.: "this evidence".

N.B. "Dieses Weinen macht einen echten Eindruck" – so gibt es also ein *echtes* Weinen. So gibt es also ein Kriterium dafür. "Aber kein *sicheres!*"

Wie unterscheidet sich Einer, der ein sicheres Kriterium anerkennt von einem, der's nicht tut?

Aber heißt denn, kein sicheres Kriterium anerkennen: nie sicher sein, daß der Andre so und so fühlt? Kann ich nicht ganz sicher sein, und doch kein sicheres Kriterium anerkennen? Ich bin (benehme mich) sicher und weiß etwa nicht, *warum* ich es bin.

Wie würde es aussehen, wenn alle Menschen immer über die Gefühle des Andern unsicher wären? Sie würden scheinbar immer etwas zweifelhaft sein, immer etwa eine zweifelhafte Miene oder Gebärde machen, während sie den Andern bemitleiden etc.. – Aber wenn wir nun diese *ständige* Gebärde weglassen, *weil* sie ständig ist, welches Benehmen bleibt dann? Etwa ein kühles, nur oberflächlich interessiertes? Aber dann brauchen wir ihr Benehmen wieder nicht als Ausdruck des Zweifelns deuten. – Also heißt es nichts, daß *Alle immer* . . .

Es gibt Unsicherheit und es gibt Sicherheit; aber daraus folgt nicht, daß es sichere Kriterien gibt.

Wie, wenn Einer nun sagte: "Ich weiß, daß er sich freut" heiße nichts anderes als, ich sei seiner Freude sicher, also wieder: *ich* reagiere auf ihn so und so, und zwar ohne Unsicherheit. Es wäre dann ungefähr so, wie "Ich weiß, daß alles zum Guten ist" – der Ausdruck meiner eigenen Stellungnahme zu was immer kommt. Und hier wäre Grund zu sagen, dies sei eigentlich kein Wissen. Die letztere Aussage würde aber auch im Gerichtssaal niemand davon überzeugen, daß alles zum Guten ist.

"This weeping gives the impression of being genuine" –
so there is such a thing as *genuine* weeping. So there is a
criterion for it. "But no *certain one!*"

How does someone who accepts a criterion as certain
differ from someone who doesn't?

But does accepting no criterion as certain mean: never
being certain that someone else feels this or that way? Can
I be not quite certain and yet accept no criterion as certain?
I am (behave) certain, but for instance I don't know *why*.

What would it look like if everyone were always uncertain
about everyone else's feelings? Seemingly when they are
expressing sympathy, etc. . , for someone, they would always
be a little doubtful, would always put on a doubtful
expression or make a doubtful gesture. – But if we now
leave off this *constant* gesture *because* it is constant, what
behaviour then remains? Perhaps a behaviour that is cool,
only superficially interested? But then we in turn don't have
to interpret their behaviour as an expression of doubting. –
So it means nothing to say *everyone always* . . .

There is uncertainty and there is certainty; but from this
it does not follow that there are criteria that are certain.

How would it be if someone were now to say: "I know
that he is glad" means merely that I am certain of his
gladness, and therefore also that *I* am reacting to him in
such and such a way and, what is more, without uncertainty.
Then it would be approximately like "I know that everything
is for the best" – the expression of the position taken towards
whatever comes along. And here there would be grounds
for saying that this is not really knowledge. But the latter
statement would convince no one, not even in a court of
law, that everything is for the best.

87e

N.B.   Und hier liegt nun etwas Wichtiges: Die Aussage "Ich weiß, daß er sich freut" würde doch auch im Gerichtssaal nicht als mehr gelten als: "Ich habe den sichern Eindruck, daß er sich freut." Der Fall wäre nicht der gleiche, wie wenn ein Physiker aussagte, er habe dies Experiment gemacht und es habe *dies* ergeben; oder wie wenn ein Mathematiker über eine Berechnung aussagte. – Wenn ich den Andern lange gekannt habe, wird der Gerichtshof wohl auch meine Aussage gelten lassen, ihr Gewicht beilegen. Aber meine absolute Sicherheit wird ihm nicht ein *Wissen* bedeuten. Denn aus einem Wissen müßte er ganz bestimmte Schlüsse ziehen können.

Und man kann nicht entgegnen: "*Ich* ziehe bestimmte Schlüsse aus meinem Wissen, auch wenn's niemand andrer kann" – denn *Schlüsse* müssen für Alle gelten.

Die Verbindung der Evidenz mit dem, wofür sie Evidenz ist, ist hier nicht zwangsläufig. Und ich meine *nicht*: "die Verbindung des Äußern mit dem Innern".

Man könnte sogar sagen: Die Unsicherheit über das Innere ist eine Unsicherheit über etwas Äußeres.

Wenn "Ich weiß . . ." heißt: Ich kann den Andern überzeugen, wenn er mir die Evidenz glaubt, dann kann man sagen: Ich mag zwar über seine Stimmung so sicher sein, wie über die Wahrheit eines mathematischen Satzes, aber es ist dennoch falsch zu sagen, ich *wisse* seine Stimmung.
(Es ist aber dennoch falsch zu sagen: Wissen sei ein anderer Seelenzustand als Sicher-sein. (Ich ist ein andrer Mensch als L.W.))

D.h.: 'wissen' ist ein psychologischer Begriff andrer Art als 'sicher sein', 'überzeugt sein', 'glauben', 'vermuten', etc. Die Evidenz für das Wissen ist andrer Art.

And here there is something important: The statement "I know that he is glad" would after all, even in a court of law, not count for more than: "I have the certain impression that he is glad." It would not be the same as if a physicist stated that he did this experiment and that *this* was the result; or as if a mathematician made a statement about a calculation. – If I have known the other person a long time, the court will probably also allow my statement to stand, will attach importance to it. But my absolute certainty will not mean *knowing* to the court. For if it were knowing, the court would have to be able to draw certain well-defined conclusions.

And one cannot answer: "*I* draw certain conclusions from my knowledge, even if no one else can" – for *conclusions* must be valid for all.

Here the connection of evidence with what it is evidence for is not ineluctable. And I *don't* mean: "the connection of the outer with the inner".

One could even say: The uncertainty about the inner is an uncertainty about something outer.

If "I know . . ." means: I can convince someone else if he believes my evidence, then one can say: I may well be as certain about his mood as about the truth of a mathematical proposition, but it is still false to say that I *know* his mood.
(But it is still false to say: Knowing is a different mental state from being certain. (I is a different person from L.W.))

That is: 'knowing' is a psychological concept of a different kind from 'being certain', 'being convinced', 'believing', 'surmising', etc. The evidence for knowing is of a different kind.

88e

N.B.   Russell's Beispiel: "Ich weiß, daß der gegenwärtige Ministerpräsident eine Glatze hat"; der es sagt ist sicher und zwar,
weil er fälschlich glaubt, X sei Ministerpräsident; aber auch
der gegenwärtige hat eine Glatze und so ist seine *Behauptung*
wahr und doch *weiß* er nicht, daß sie's ist.

"Ich *weiß*, daß es so ist" ist zwar ein Ausdruck meiner
vollkommenen Sicherheit, aber es folgt aus ihm noch andres,
als daß ich sicher bin.

Erstens heißt natürlich "Seine Gefühle kann ich nicht
wissen" *nicht*: . . . im Gegensatz zu *meinen*. Zweitens heißt
es nicht: ich kann seiner Gefühle nie ganz sicher sein.

Aussage: "Ich weiß, daß die Flasche dort gestanden ist." –
"Wie weißt du das?" – "Ich habe sie dort gesehen." ——
Wenn nun die Aussage ist: "Ich weiß, daß er sich gefreut
hat", und gefragt wird "Wie weißt du das?" – was ist die
Antwort? Sie ist nicht einfach die Beschreibung eines physikalischen Tatbestandes. Es gehört z.B. dazu, daß ich den
Betreffenden kenne. Wenn im Gerichtssaal ein Film vorge-
führt werden könnte, in dem die ganze Szene wiedergegeben
wäre, sein Mienenspiel, seine Gebärden, seine Stimme,
könnte das manchmal ganz überzeugend wirken. Zum mindesten, wenn er kein Schauspieler ist. Aber es wirkt z.B.
nur, wenn die, welche die Szene beurteilen, der gleichen
Kultur angehören. Ich wüßte z.B. nicht, wie bei Chinesen
die echte Freude aussieht.

Nicht darauf richten wir unser Augenmerk, daß einer
nicht *wissen* kann, was ein anderer erlebt, daß ein Erlebnis
in irgend einem Sinne das Geheimnis dessen ist, der es hat,
sondern auf die Regeln der Evidenz überhaupt, die sich auf
Erlebnisse beziehen.

Wichtig ist z.B., daß man einen Menschen 'kennen' muß,
um beurteilen zu können, welche Bedeutung einer

89

Russell's example: "I know that the present Prime Minister is bald"; the person who says this is certain just because he wrongly believes that X is Prime Minister; nevertheless the actual present Prime Minister is also bald and so the *assertion* is true and all the same the person doesn't *know* that it is.

"I *know* that it is so" is to be sure an expression of my complete certainty, but, besides my being certain, other things follow from it.

In the first place, "I cannot know his feelings" does *not* mean: . . . as opposed to *mine*. In the second place, it does not mean: I can never be completely sure of his feelings.

Statement: "I know that the bottle was standing there." – "How do you know that?" – "I saw it there." —— If the statement is: "I know that he was glad", and the question is asked: "How do you know that?" – what is the answer? It is not simply the description of a physical state of affairs. Part of it is for instance that I know the person. If a film could be shown in the courtroom in which the whole scene were rendered – the play of his facial expressions, his gestures, his voice – sometimes this could have a fairly convincing effect. At least if he is not an actor. But it only has an effect for instance if those judging the scene belong to the same culture. I wouldn't know, for instance, what genuine gladness looks like with Chinese.

Rather than directing our attention to the fact that one cannot *know* what someone else experiences, that an experience is in some sense the secret of the person who has it, we direct it instead to any and all rules of evidence that refer to experiences.

It's important, for instance, that one must '*know*' someone in order to be able to judge what meaning is to be attributed

Gefühlsäußerung von ihm beizumessen ist, und daß man doch nicht beschreiben kann, was man an ihm kennt.

Ebenso wichtig ist, daß man nicht sagen kann, worin die wesentlichen beobachtbaren Folgen eines innern Zustandes bestehen. Wenn er sich z.B. wirklich gefreut hat, was ist dann von ihm zu erwarten, und was nicht? Es gibt natürlich solche charakteristische Folgen, aber sie sind nicht so zu beschreiben, wie die Reaktionen, welche einen Zustand eines physikalischen Gegenstands kennzeichnen.

Man muß auch dies bedenken: Echtheit und Unechtheit sind nicht die einzigen wesentlichen Merkmale eines Gefühlsausdrucks. Es ist z.B. nicht zu sagen, ob eine Katze, die schnurrt und gleich darauf kratzt, sich verstellt habe. Es könnte sein, daß ein Mensch die Zeichen der Freude von sich gäbe und sich dann in ganz unerwarteter Weise benimmt, und daß wir doch nicht sagen können, der erste Ausdruck sei nicht echt gewesen.

Es scheint mir so wenig festzustehen, daß es nur echten oder verstellten Gefühlsausdruck geben kann, wie daß es nur dur oder moll Tonarten geben kann.

to one of his expressions of feeling, and yet that one cannot describe what it is that one knows about him.

It is just as important that one cannot say what the essential observable consequences of an inner condition are. If for instance he really was glad, what can be expected from him, and what not? Of course there are such characteristic consequences, but they cannot be described in the same way as the reactions that characterize the state of a physical object.

This must also be considered: Genuineness and falseness are not the only essential characteristics of an expression of feeling. One cannot tell, for instance, whether a cat that purrs and then right away scratches someone was pretending. It could be that someone uttered signs of gladness and then behaved in a completely unexpected way, and that we still could not say that the first expression was not genuine.

It seems to me as little a fact that there can only be genuine or feigned expressions of feeling as that there can only be major or minor keys.

VI

MS 176

(1951)

"Kann man wissen, was in dem Andern vorgeht, wie er selbst es weiß?" —— Wie weiß er es denn? Er kann sein Erlebnis ausdrücken. Ein Zweifel in ihm, ob er wirklich dies Erlebnis habe – analog dem Zweifel, ob er wirklich die und die Krankheit habe – tritt in das Spiel nicht ein; und darum ist es falsch zu sagen, er wisse, was er erlebe. Der Andre aber kann sehr wohl zweifeln, ob Jener dies Erlebnis habe. Der Zweifel tritt also ins Spiel ein, aber eben darum ist es auch möglich, daß völlige Sicherheit besteht.[1]

Muß ich weniger sicher sein, daß Einer Schmerzen leide, als daß $12 \times 12 = 144$ ist?

Und doch sagt man manchmal, das könne man nicht wissen. Nun, vor allem, man kann es nicht beweisen. D.h., es gibt hier nichts von der Art eines Beweises, der sich auf (allgemein) anerkannte Prinzipien stützt.

Aber das, was in ihm ist, wie kann ich es sehen? Es steht zwischen seinem Erlebnis und mir immer der Ausdruck!
Hier ist das Bild: Er sieht es unmittelbar, ich nur mittelbar. Aber so ist es nicht. Er sieht nicht etwas, und beschreibt es uns.

Wenn 'etwas in ihm vorgeht', so seh ich's freilich nicht, aber wer weiß, ob er selbst es sieht. ———

Sehe ich nicht wirklich oft, was in ihm vorgeht? – "Ja, aber nicht so wie er selbst es wahrnimmt. Ich sehe, daß er Schmerzen hat, aber fühle doch dabei keine Schmerzen. Und wenn ich welche fühlte, wären's nicht die seinen." Das heißt nichts. – Anderseits wäre es denkbar, es ließe sich mit dem Andern eine Verbindung herstellen, wodurch ich denselben Schmerz (d.h. die gleiche Art 'Schmerz') empfände, und an der gleichen Stelle, wie der Andre. Aber daß das der Fall

[1] Datum auf der vorigen Seite des MS: "14.4.⟨51⟩".

"Can one know what goes on in someone else in the same way he himself knows it?" —— Well, how does he know it? He can express his experience. No doubt within him whether he is really having this experience – analogous to the doubt whether he really has this or that disease – comes into play; and therefore it is wrong to say that he knows what he is experiencing. But someone else can very well doubt whether that person has this experience. Thus doubt does come into play, but, precisely for that reason, it is also possible that there is complete certainty.[1]

Need I be less certain that someone is suffering pain than that $12 \times 12 = 144$?

And yet sometimes one says that one cannot know that. Well, above all, one can't prove it. That is, there is nothing here of the sort of proof that rests on (generally) known principles.

But that which is in him, how can I see it? Between his experience and me there is always the expression!
Here is the picture: He sees it immediately, I only mediately. But that's not the way it is. He doesn't see something and describe it to us.

If 'something is going on inside him', then to be sure I don't see it, but who knows whether he himself sees it. – – –

Don't I really often see what is going on inside him? – "Yes, but not in the way in which he himself perceives it. I see that he is in pain, but don't feel any pain. And if I felt pain, it wouldn't be his." This means nothing. – On the other hand it would be conceivable that a connection could be established with someone else through which I would feel the same pain (i.e. the same kind of 'pain'), and in the same place, as the other person. But that this is the case

[1] Date on the previous page of the MS: "April 14 <51>".

92e

ist, müßte man durch den Schmerzausdruck der beiden feststellen.

Und wenn sich diese Art, den Schmerz des Andern kennen
zu lernen, bewährt hätte, wäre es denkbar, daß man sie, dem
Schmerzausdruck eines Menschen entgegen, anwendete, also
seiner Äußerung mißtraute, wenn sie mit jener Probe im
Widerspruch stünde.

Und nun kann man sich doch auch denken, daß es
Menschen gibt, die sich *ursprünglich* nach jener Methode
richten, und *das* "Schmerz" nennen, was durch sie ermittelt
wird. Dann wird ihr Begriff 'Schmerz' dem unsern verwandt, aber von ihm verschieden sein. (Es kommt aber
natürlich nicht darauf an, ob sie diesen ihren Begriff mit
dem gleichen Wort benennen, wie wir den verwandten,
sondern nur darauf, daß er in ihrem Leben das Analogon zu
unserm Schmerzbegriff ist.)

Diesem Analogon unseres Begriffes fehlte dann jene
Unsicherheit der Evidenz des unsern. In *diesem* Punkte wären
sich unsre Begriffe nicht ähnlich.

(Nennen wir jenen analogen Begriff "Schmerz", so
können diese Leute glauben, daß sie Schmerzen haben und
auch daran zweifeln. Sollte aber jemand sagen: "Nun dann
besteht eben wesentlich *keine* Ähnlichkeit zwischen den
Begriffen" – dann können wir entgegnen: Es gibt hier
ungeheure Unterschiede, aber auch große Ähnlichkeiten.)

Man könnte sich denken, daß zur Feststellung, ob Einer
'Schmerzen' habe, eine Art Fieberthermometer verwendet
wird. Schreit ein Mensch oder stöhnt er, so legen sie ihm
das Thermometer ein, und erst wenn dies den und den
Ausschlag zeigt, fangen sie an, den Leidenden zu bedauern
und ihn zu behandeln wie wir den, der 'offenbar Schmerzen
hat'.

would have to be ascertained through both people's expression of pain.

And if this way of getting to know someone else's pain were to have proved its worth, it's conceivable that one would apply it against a person's expression of pain, and thus would mistrust his expression if it contradicted that test.

And now one can also imagine that there are people who follow that method *from the outset*, and call *that* "pain" which is ascertained by means of it. In that case their concept 'pain' will be related to ours, but different from it. (Of course it doesn't matter whether they call their concept by the same name as we use for our related one; it only matters that in their life it is analogous to our concept of pain.)

This analogue of our concept would then lack that uncertainty of evidence in ours. In *this* respect our concepts would not be similar.

(If we call that analogous concept 'pain', then these people can believe that they are in pain and also doubt it. But if someone were to say: "Well, in that case there simply is *no* essential similarity between the concepts" – then we can respond: Here there are immense differences, but also great similarities.)

One could imagine that a kind of thermometer is used to ascertain whether someone is in 'pain'. If someone screams or groans, then they insert the thermometer and only when the gauge reaches this or that point do they begin to feel sorry for the suffering person, and treat him as we do someone who 'obviously is in pain'.

N.B.　　Hängt die Unbestimmtheit in der Logik des Schmerzbe-
griffes mit dem tatsächlichen Fehlen gewisser physischer
Möglichkeiten des Gedanken- und Gefühllesens zusammen? —— Wenn das eine Frage der Kausalität ist, – wie
kann ich sie beantworten?

Die Frage könnte eigentlich so gestellt werden: Wie hängt,
was uns *wichtig* ist, von dem ab, was physisch möglich ist?

Wo uns das Messen nicht wichtig ist, dort messen wir
nicht, auch wenn wir's *können*.

"Ist[1] die Unmöglichkeit zu wissen, was im Andern vorgeht, eine physische oder eine logische? Und wenn beides, –
wie hängen die beiden zusammen?"
Vorerst: es ließen sich Möglichkeiten der Erforschung des
Andern denken, die in Wirklichkeit nicht bestehen. Also gibt
es eine physische Unmöglichkeit.
Die logische Unmöglichkeit liegt in dem Fehlen exakter
Regeln der Evidenz. (Daher drücken wir uns manchmal so
aus: "Wir können uns immer irren; wir können nie sicher
sein; was wir beobachten, kann immer noch Verstellung
sein." Obgleich Verstellung nur eine von vielen möglichen
Ursachen eines falschen Urteils ist.) —— Wir können uns
eine Arithmetik vorstellen, in der Aufgaben mit kleinen
Zahlen mit Sicherheit gelöst werden können, die Resultate
aber umso unsicherer werden, je größer die Zahlen sind. So
daß die Leute, die diese Rechenkunst besitzen, erklären, man
könne des Produktes zweier großen Zahlen nie ganz sicher
sein, und es ließe sich auch keine Grenze angeben zwischen
kleinen und großen Zahlen.
Aber es ist natürlich nicht wahr, daß wir der seelischen
Vorgänge im Andern nie sicher sind. Wir sind es in unzäh-
ligen Fällen.

[1] Datum "15.4.⟨51⟩".

94

Is the indeterminacy of the logic of the concept of pain connected with the actual absence of certain physical possibilities of reading thoughts and feelings? —— If that's a causal question – how can I answer it?

Actually the question could be phrased in this way: How does what is *important* for us depend on what is physically possible?

Where measuring is not important we don't measure, even if we are *able to*.

"Is[1] the impossibility of knowing what goes on in someone else physical or logical? And if it is both – how do the two hang together?"

For a start: possibilities for exploring someone else could be imagined which don't exist in reality. Thus there is a physical impossibility.

The logical impossibility lies in the lack of exact rules of evidence. (Therefore we sometimes express ourselves in this way: "We may always be wrong; we can never be certain; what we observe can *still* be pretence." Although pretence is only one of many possible causes of a false judgement.) —— We can imagine an arithmetic in which problems with small numbers can be solved with certainty, but in which the results become less certain the larger the numbers are. So that people who possess this art of calculating state that one can never be completely certain of the product of two large numbers, and that neither could a borderline be given between small and large numbers.

But of course it isn't true that we are never certain about the mental processes in someone else. In countless cases we are.

---

[1] Date "April 15 <51>".

Und es bleibt nun die Frage, ob wir unser Sprachspiel, das auf 'unwägbarer Evidenz' beruht und oft zu Unsicherheit führt, aufgeben würden, wenn wir die Möglichkeit hätten, es mit einem exaktern zu vertauschen, das im großen und ganzen ähnliche Folgen hätte. Wir könnten – z.B. – mit einem mechanischen "Lügen-Detektor" arbeiten und eine Lüge neu definieren, als dasjenige, was einen Ausschlag des Lügen-Detektors erzeugt.

Die Frage ist also: Würden wir unsre Lebensform ändern, wenn uns das und das zur Verfügung gestellt würde? – Und wie könnte ich die beantworten?

And now the question remains whether we would give up our language-game which rests on 'imponderable evidence' and frequently leads to uncertainty, if it were possible to exchange it for a more exact one which by and large would have similar consequences. For instance, we could work with a mechanical "lie detector" and redefine a lie as that which causes a deflection on the lie detector.

So the question is: Would we change our way of living if this or that were provided for us? – And how could I answer that?

REGISTER

INDEX